新时代高校辅导员
精彩主题班会设计方案集萃

安徽省大学生思想动态分析研究中心（滁州学院）◎编

安徽师范大学出版社
ANHUI NORMAL UNIVERSITY PRESS
·芜湖·

图书在版编目(CIP)数据

新时代高校辅导员精彩主题班会设计方案集萃 / 安徽省大学生思想动态分析研究中心(滁州学院)编.— 芜湖:安徽师范大学出版社,2022.1(2024.3重印)

ISBN 978-7-5676-3957-7

Ⅰ.①新… Ⅱ.①安… Ⅲ.①高等学校－班会－研究 Ⅳ.①G645.5

中国版本图书馆CIP数据核字(2021)第270726号

新时代高校辅导员精彩主题班会设计方案集萃

XINSHIDAI GAOXIAO FUDAOYUAN JINGCAI ZHUTI BANHUI SHEJI FANG'AN JICUI

安徽省大学生思想动态分析研究中心(滁州学院)◎编

责任编辑:晋雅雯　　责任校对:刘　翠

装帧设计:丁奕奕　　责任印制:桑国磊

出版发行:安徽师范大学出版社

芜湖市北京东路1号安徽师范大学赭山校区

网　　址:http://www.ahnupress.com/

发 行 部:0553-3883578　5910327　5910310(传真)

印　　刷:苏州市古得堡数码印刷有限公司

版　　次:2022年1月第1版

印　　次:2024年3月第4次印刷

规　　格:700 mm × 1000 mm　1/16

印　　张:13.25

字　　数:191千字

书　　号:ISBN 978-7-5676-3957-7

定　　价:56.00元

凡发现图书有质量问题,请与我社联系(联系电话:0553-5910315)

目　录

爱国教育篇

责任培养篇

生活辅导篇

爱国教育篇

点滴彰显爱国志　青春奋斗报国心

刘冠琪　安徽师范大学

一、班会对象

大学一年级学生。

二、班会背景及目的

1. 班会背景

习近平总书记在全国教育大会上强调，要在厚植爱国主义情怀上下功夫，让爱国主义精神在学生心中牢牢扎根，教育引导学生热爱和拥护中国共产党，立志听党话、跟党走，立志扎根人民、奉献国家。大学一年级是大学生成长的重要奠基期，在这一时期，对他们开展爱国主义教育，显得尤为重要。

2. 班会目的

（1）引导大学生正确理解爱国主义的内涵，激发学生的爱国主义情怀。

（2）引导大学生正确认识爱国与个人之间的关系，启发学生对爱国进行理性思考。

（3）引导大学生正确践行爱国之志，明白在当代中国，如何坚守爱国心，彰显爱国情。

三、班会重难点

1. 班会重点

（1）引导学生正确认识新时代爱国主义的新内容与新要求。

（2）引导学生正确认识爱国的具体表现。

（3）引导学生将爱国情怀和行动贯穿于生活中。

2. 班会难点

（1）引导学生将爱国的“知”与“行”相结合。

（2）引导学生将爱国行动细化到学习生活中去。

四、班会设计理念

本次主题班会紧扣当下热点问题，以“点滴彰显爱国志　青春奋斗报国心”为题，召开大学生爱国主义教育主题班会。班会分为三大部分：知“爱”大声说出来，激发学生爱国的深厚情感；想“爱”大胆亮出来，引起学生爱国理性思考；为“爱”大气站出来，激励学生落实爱国行动。采用案例展示、互动交流、故事分享等方法，实现情感、认知、行动三个方面的层层递进，教育引导学生把爱国情、强国志融入生活的点滴中。

五、班会形式

利用案例、图片、视频等材料，综合采用讲授、讨论等方法。

六、预期效果

（1）引导学生正确认识爱国主义的内涵。学生可以明确个人与祖国的关系，能够从现实案例中得出爱国行为的具体表现，正确认识国家历史和社会环境，坚定理性爱国的信念。

（2）引导学生彰显爱国情怀。学生能够在故事分享中理解怎么爱国。

（3）引导学生落实爱国行动。引导学生在实际生活中，通过做好思想、学习、生活各方面的小事，弘扬爱国主义精神，成为真正践行社会主义核心价值观的新时代大学生。

七、班会准备

（1）根据班会主题，搜集相关视频、图片、新闻案例，制作相关PPT等。

（2）摆放座位，营造轻松舒适的课堂环境，准备多媒体设备。

（3）对可能存在的问题做好预案。例如处理学生间答案中的分歧、应对班会现场的突发情况等。

八、过程设计

1. 导入主题

【环节一】结合热词“我和我的祖国”，引发学生思考

用2019年中国媒体十大流行语中的“我和我的祖国”荣登榜首的事例，引出问题：“看到‘我和我的祖国’这样的文字，你会想到哪些难忘的时刻？”

【环节二】互动讨论，引出主题

学生互动讨论，给出自己的答案。

辅导员指出，学生的答案都折射出同一个主题——爱国。

2.进入主题

【环节三】自由讨论，产生共鸣

设置问题情境，让学生讨论并思考如何理解爱国。辅导员列举身边与爱国相关的案例，引起学生共鸣。

【环节四】直面反例，理直气壮地说爱国

列举一些“不一样”的声音，如有些人觉得爱国就是假大空，有的人认为爱国就是形式化，有的人认为爱国就是走过场。理直气壮地告诉学生，爱国不是这些人所理解的这样，爱国是真挚的，是纯粹的，爱国是我们每个人最真实的情感，最实际的行动。我们每一个人，都应该做一个坚定而自豪的爱国者。

【环节五】剖析现实中各种不爱国的行为

带领学生分析现实生活中存在的一些现象：如唱国歌时默不作声；升国旗时东倒西歪；活动时拿着国旗，结束后把国旗扔得满地都是……这些都是一些常见的不爱国的行为。我们要重视这些生活中的小细节，绝不做出不爱国的行为。

【环节六】辅导员支着儿，做坚定的爱国者

（1）事——落实落小落细。

［聚焦热点　引起互动］展示垃圾分类图片。提出问题：“当你通过这种方式分类垃圾时，你的这种行为是爱国吗？”学生讨论，给出答案。

［总结观点　指出爱国］垃圾分类这样一件小事，就能够充分彰显出我们建设美丽中国的义务和决心，这其实是最直接最细微最有力的爱国行为。在我们的生活中，当教室中没有人的时候，你可以关掉灯；当共享单车倒地的时候，你可以把它扶起来……这些都是爱国的表现。

（2）时——日日月月年年。

［设置问题　再次互动］关一次灯、扶一次车是不是真正的爱国？能够关注到生活中的点滴是一种爱国行为，能坚持做一次，能坚持做两

次，能一直坚持做吗？引起学生深度思考并发表看法。结合学生反馈进行总结：一个真正的爱国者会将这种行为常记心中，并且能够带动身边的同学和朋友一起践行。

［现身说法　分享故事］辅导员分享自己在2014年成为中国青年志愿者扶贫接力计划研究生支教团的一员，在四川松潘支教一年的经历。这个组织，已经坚持了整整23年。23年来，一批批志愿者坚持用行动诠释爱国志向。通过现身说法得出结论：爱国就要通过自己的行动表达出来。

（3）志——小我大我无我。

［案例分享　引发启迪］习近平总书记在接见意大利众议长菲科时，曾说："我将无我，不负人民。"习近平将自己的7年青春时光留在了梁家河，就是为了能够更好地带领梁家河的群众走出贫困，走出困境。他多次撰写入党申请书，就是为了能够以一名党员的身份更好地践行初心与使命。

［总结提炼　点明主题］习近平总书记就是将自己的青春小我融入为人民谋幸福的大我之中，实现了"我将无我，不负人民"的精神超越，成为当下青年人的偶像。

3. 总结升华

【环节七】升华爱国主题

引入《新时代爱国主义教育实施纲要》："爱国主义是中华民族的民族心、民族魂……爱国主义精神深深植根于中华民族心中"。青年，要把爱国主义牢记于内心深处，在点滴生活中，每时每刻提升自我，锤炼自我，用自己的实际行动努力成长为社会主义的合格建设者和可靠接班人。

九、班会亮点

（1）坚持教育与自我教育相结合。既充分发挥辅导员的教育引导作用，又充分调动学生的积极性，发挥学生的自我教育作用。

（2）坚持解决思想问题与解决实际问题相结合。在以理服人的同时，做到以情感人，增强班会的实际效果。

（3）坚持贴近实际的原则。以真实案例启迪学生，唤醒学生的爱国意识，引导学生关注日常点滴，从小事做起，践行爱国之志。

国无防不立　民无兵不安

——不忘初心　参军报国

黄蓉静　安徽工程大学

一、班会对象

大学一年级学生。

二、班会背景及目的

1. 班会背景

国防教育是建设和巩固国防的基础，是增强民族凝聚力、提高全民素质的重要途径。高校国防教育是全民国防教育的重要组成部分，是高校根据一定的国防目的，对大学生有组织、有计划地施加教育影响，使他们增强国防观念和意识、增长国防知识和提高国防技能的教育实践活动。

2. 班会目的

（1）帮助大学生正确理解习近平强军思想，了解大学生国防素质教育的基础性作用，提升学生国防素质。

（2）帮助学生了解应征入伍的各项具体政策，激发大学生参军热情，为中国人民解放军吸纳高素质兵员打下一定基础。

（3）加强大学生爱国主义教育，培养集体主义观念，强化组织纪律教育，促进大学生综合素质的提高。

（4）通过沉浸式体验增强学生学习兴趣，强化学生身体素质。

三、班会重难点

1.班会重点

（1）以沉浸式体验的模拟作战、射击打靶等，开展教育。

（2）引导学生思考并讨论国防现代化和军队现代化的重要意义，激发学生的爱国情怀。

2.班会难点

（1）引导学生领会习近平强军思想的思想体系和精髓要义，切实掌握推进强军兴军的思想武器和根本遵循。

（2）结合学生的自身情况和专业，鼓励学生将心中的爱国热情转化为参军入伍的实际行动。

四、班会设计理念

国防历来是关系国家安危的一件大事，是民族精神和爱国主义的集中体现，是民富国强的重要标志。十九大将习近平强军思想写入党章，全军上下为实现国防和军队现代化，全面建成世界一流军队而奋斗。

在大学生群体普及国防教育，是习近平强军思想的时代召唤，也是高校思想政治工作培育时代新人的要求。通过班会让大学生了解习近平强军思想，知晓自已的时代使命，树立爱国情怀，提升综合国防素质和军事实践能力。鼓励大学生积极响应国家征兵的号召，光荣入伍。

五、班会形式

本次班会以体验式教学为主要形式，同时结合PPT、图片、视频等进行讲授。

六、预期效果

（1）让学生明确国防对于学生、民族、国家的重要意义。

（2）让学生明确习近平强军思想的内涵，了解大学生新兵入伍对于实现国防、军队现代化的重要意义。

（3）激发学生的参军热情。

七、班会准备

（1）让学生提前学习相关国防知识、军事理论课程以及最新大学生征兵入伍的条件标准。

（2）准备班会需要的PPT、图片、视频、征兵宣传手册等。

（3）做好会场布置工作。

八、过程设计

1.导入主题

【环节一】让学生进入营地，体验模拟作战，射击打靶

让学生穿上迷彩服、背上电子射击枪，分成红蓝两组对抗射击。体验式的教学让学生更快地融入军事氛围中，有利于增强学生的身体素质，调动学生的学习积极性，增强团队凝聚力。

【环节二】播放展现我国强大国防军事力量的视频

通过播放视频，引起学生的注意：现代化国防更加信息化，对单兵素质要求更高——信息化的国防需要当代大学生的加入！

2.进入主题

【环节三】讲解国防知识，引发思考

让学生体会国防对于一个国家的重要意义。作为中华民族的一分子，关注国防、了解国防、建设国防，是我们义不容辞的责任。

【环节四】展示国防教育图片，引发学生共鸣

首先，展示学生入校以来接受国防教育的活动图片，如军训、打靶、主题班会等，跟学生交流互动，引导学生不断提升自身国防意识和身体素质。其次，展示一组由甲午中日战争给中国带来的人员伤亡和财产损失的数据，使学生意识到，有了强大的国防才能保卫家园，保护家人。

【环节五】分析大学生入伍和国防建设的关系

从自身发展和国防建设方面阐述大学生入伍和国防建设的关系。

大学生入伍，是适应国家经济社会发展，着眼国防和军队建设全局作出的战略决策；是适应军队现代化建设需要，从源头上提高兵员质量的内在要求；是适应军队人才战略工程建设，推进国防现代化和实现中国梦、强军梦、“我的梦”的战略之举。

【环节六】让退伍学生与在校学生面对面分享成长故事

作为刚刚退伍返校的“老兵”，不管在年龄上还是心理上相对于大学一年级学生而言都更加成熟，他们的经验，学生更容易接受，也更容易信服。

3.总结升华

【环节七】阐明班会主题

利用学生情感升华的重要时机再次阐明班会主题，理性分析学生的专业特点，明确大学生参军入伍的实现路径，并寄语学生坚守初心、坚定信仰——有为青年立志从军，热血男儿精忠报国。

【环节八】升华爱国情感

面向国旗，敬礼！

九、班会亮点

（1）体验式教学方法不仅能增强学生的参与度，提高学生对于国防的认知，还能更好地巩固军事理论课学习的国防知识，延伸发挥了课堂思政的作用。

（2）层层递进引发学生的情感共鸣，不仅有利于鼓励学生响应国家参军入伍号召，而且有利于强化大学生的爱国主义情怀、集体主义观念，促进大学生综合素质的提高，为中国人民解放军后备兵员打下一定的基础。

小我融入大我　青春告白祖国

杨娟艳　池州职业技术学院

一、班会对象

大学一年级学生。

二、班会背景及目的

1.班会背景

习近平总书记在十九大报告中指出，要提高人民思想觉悟、道德水准、文明素养，提高全社会文明程度。广泛开展理想信念教育，深化中国特色社会主义和中国梦宣传教育，弘扬民族精神和时代精神，加强爱国主义、集体主义、社会主义教育，引导人们树立正确的历史观、民族观、国家观、文化观。培养学生的爱国主义精神，是历史发展和现代化建设的需要，是学生自身成长的需要，是培养优良校风和提高学生素质的需要。而在当今现实生活中，有的学生总是按照自己的价值观去生活，偶尔会忽视自己对国家的责任。这就迫切需要培养学生的爱国主义精神。

2. 班会目的

（1）通过多种形式的互动教育，引导学生深入认识“大我”，认识“中国梦”的实际涵义，始终牢记党的殷切希望。

（2）通过分享人物故事和大学三年规划等活动，引导学生树立“小我”意识，即牢固树立人生目标和职业理想，把个人成长成才和为“大我”作贡献结合起来。

（3）通过朗诵表白祖国，激发学生斗志，合理规划好大学的学习生活。

三、班会重难点

1. 班会重点

（1）让学生深刻领悟社会主义核心价值观中“爱国”的内涵，懂得爱国的重要性。

（2）让学生回顾祖国的历史，树立爱国意识，看到祖国的发展，为祖国而自豪。

2. 班会难点

（1）让学生懂得爱国要从一点一滴做起。

（2）让学生做好职业规划，将个人理想与国家命运相结合。

四、班会设计理念

“00后”成为新时代大学生的主力军，他们个性独立张扬、自我意识强，机械式灌输和简单说教已经无法深入他们的内心，更不符合当下辅导员工作的实际。借助先进的多媒体资源，开展内容丰富多彩、形式灵活多变的主题班会已成为高校辅导员工作的重中之重。本次班会坚持“立德树人”的教育理念，通过问题互动和人物故事分享，引导大学生树立“小我”融入“大我”意识，珍惜大学时光，明确学习目标。

五、班会形式

以视频展示和互动交流为主要形式，以辅导员为主导、学生为主体，采用集中学习、个案分享、小组讨论、引导启发等方法，引导学生增强民族自豪感，理解新时代奋进精神的内涵。

六、预期效果

（1）激发青年学生的鸿鹄之志，立下梦想“军令状”。

（2）引导学生实事求是描绘梦想蓝图，脚踏实地实现梦想脚本，珍惜大学生活，实现“小我”。

（3）深刻认识到“少年强则国强”，珍惜当下，承担好自己的责任，在服务“大我”中实现“小我”的价值。

七、班会准备

（1）深入学生教室、寝室，了解学生目前存在的主要问题。

（2）召开班委会，集思广益，做好本次主题班会的筹备工作。

（3）设计具体方案。

（4）准备PPT及其他相关材料。

八、过程设计

1.导入主题

【环节一】提出问题

辅导员：同学们好，在开始今天的班会之前，请先回答我三个问题：你是中国人吗？你爱中国吗？你愿意中国好吗？

这是在1935年“开学第一课”上，教育家张伯苓对新生学子提出的三个问题，拳拳之心溢于言表。这“爱国三问”激发了当时学生的爱国之志。

人生因梦想而改变，祖国因梦想而美丽。当下大家都在热议“中国梦”，何谓“中国梦”？“中国梦”与大学生又有何关系？大学生，这群“小我”又能为“中国梦”做点什么呢？带着这样的疑问，我们今天在这里召开“小我融入大我　青春告白祖国”主题班会。

2. 进入主题

【环节二】播放视频

辅导员：首先让我们来看两段视频，看看“大我”的成长。

（播放新中国70周年国庆阅兵视频）

辅导员：刚才我们一起重温了新中国70周岁之时的阅兵视频，气势磅礴，令人感动。一个16岁的高中生是这样用文言文告诉世人她的感受的：泱泱华夏，浩浩千秋。于以求之？旸谷之东。

（播放北京大兴国际机场正式投入运营的视频）

辅导员：北京大兴国际机场，被誉为新世界七大奇迹之一，于2019年9月25日正式通航。这个外观形似凤凰的大机场，创下了多个世界之最：世界上规模最大的机场，世界建筑难度最高的航站楼，世界最大的无结构缝一体化航站楼……这是建筑史上的里程碑，更是祖国的荣耀。

【环节三】师生互动

辅导员：看了这两段视频，请大家讨论一下，你觉得“大我”成长得如何呢？

（学生回答略）

辅导员：刚才我们分享了对“大我”的理解和思考，我也看到我们很多同学都在热烈地讨论，这也是一个个“小我”在贡献自己的力量。那我们现在就来看看“小我”的力量。

（集体学习黄文秀事迹：1989年出生在广西的壮族姑娘黄文秀，2016年从北京师范大学硕士毕业后，响应国家号召，回到自己家乡——

全国著名的贫困区——乐业县担任起第一驻村书记。2019年6月17日凌晨，在返村路上遭遇山洪，年仅30岁的生命，永远定格在扶贫路上。）

辅导员：跟老师差不多大的年纪，30岁，用自己的青春，甚至用自己的生命，诠释了一名共产党员对“大我”的奉献。生命有尽，芳华无悔。

（集体学习四川凉山森林火灾救灾人员事迹：2019年3月30日，四川省凉山州境内发生森林火灾，四川森林消防总队凉山州支队派出消防官兵，和地方扑火队员一起，共689名，奔赴海拔将近4 000米的原始森林展开扑救，其中30位扑救队员，在转场的过程中，因风力增强、风向突变，被大火吞噬，年纪最小的只有18岁。）

辅导员：18岁，跟在座的你们差不多大的年纪，风华正茂的年纪，但是他却用自己稚嫩的肩膀扛起了对祖国、对人民的责任。

【环节四】分组讨论

辅导员：对于“大我”和“小我”的关系，你有了怎样的认识？

（学生回答略）

辅导员：在中国这个“大我”之中，凝聚着如繁星般的“小我”，而“小我”和“大我”是密不可分的，在浩渺的宇宙中，“小我”灿烂地闪耀。从“小我”汇聚成“大我”，是伟人辛勤耕耘、筚路蓝缕的奋斗目标；以“小我”汇聚“大我”，是现代工匠千锤百炼的正确方向；让“小我”汇聚“大我”，是我们每一个中华儿女砥砺前行、续写华章的精神动力。

【环节五】发现自身问题及反思

辅导员：为了了解同学们存在的问题，班会开始之前，我深入咱们的教室、寝室，拍到了一些镜头，我们一起来看看。

（播放学生在听课时低头看手机及在宿舍玩游戏的图片。）

辅导员：从图片我们可以看出，有部分学生不珍惜读书机会，挥霍大学时光，这些做法都是错误的，我们要引以为戒。

【环节六】梦想规划

请学生们在梦想卡片上写下大学的规划，再把它折好，放在辅导员的梦想框里，待到三年之后，大家毕业之时，辅导员再将梦想卡片归还给学生，希望学生们带着自己的初心，一起出发。

3. 总结升华

【环节七】表白祖国

请全体起立朗诵梁启超《少年中国说》节选。

【环节八】班会寄语

集体学习习近平总书记送给青年的贴心话：青年时代，选择吃苦也就选择了收获，选择奉献也就选择了高尚。青年时期一定要多经历一点摔打、挫折、考验，有利于走好一生的路。就像穿衣服扣扣子一样，如果第一粒扣子扣错了，剩余的扣子都会扣错，人生的扣子从一开始就要扣好。选择正确的方向，做好人生规划，走出正确的第一步，然后坚定不移、义无反顾地走下去。同学们，让我们一起努力吧，撸起袖子加油干，不忘初心，牢记使命。

九、班会亮点

（1）活动设计意图突出，吸引学生注意。用感染力强的视频感召学生，用真实的图片震撼学生，让学生认清自己的现状和不足，才能更好地践行“小我”的职责。

（2）用互动的方式调动学生积极主动规划自己的大学生活。

小我融入大我　青春献给祖国

王锐琴　合肥工业大学

一、班会对象

大学四年级学生。

二、班会背景及目的

1. 班会背景

通过学生择业观调研发现，学生在选择职业时，存在过分在意物质条件、社会责任感不强等现象。基于此，辅导员召开“小我融入大我　青春献给祖国”主题班会。

2. 班会目的

（1）在认知上，通过“自主、分享、探究”的对话方式，引导学生主动思考职业认知中的不合理之处，反思职业选择时缺少社会责任感的现状，启发学生将个人的发展与国家命运、民族复兴紧密结合。

（2）在情感上，通过图片展示、支教故事分享、校训内涵讨论，层层递进，引发学生的情感共鸣，激发学生与时代同心同向同行的内在情感。

（3）在行为上，将学生浸润于“小我融入大我　青春献给祖国”的教育氛围中，通过视频、互动、讨论等方式，引导学生胸怀梦想、志存高远，为国家发展贡献青春力量。

三、班会重难点

1. 班会重点

引导学生主动思考职业认知中的不合理之处，反思职业选择时缺少社会责任感的现状，启发学生直面自身存在的问题。

2. 班会难点

引起学生情感共鸣，启发学生思考个人职业选择和国家发展的深层次关系，引导学生自觉践行“小我融入大我　青春献给祖国”的使命。

四、班会设计理念

2019年1月17日，习近平总书记在南开大学考察调研时寄语南开大学师生：“只有把小我融入大我，才会有海一样的胸怀，山一样的崇高。”“小我融入大我　青春献给祖国”，是当代青年的使命担当。班会通过互动讨论、事例分享等，启发学生纠正自身价值观方面存在的偏差，树立正确的择业观，以强烈的历史使命感和社会责任感，积极响应国家号召，用青春奉献祖国。

五、班会形式

班会以学生为主体，采用分享式、互动式、体验式的方法，通过讨论分享、案例分析等，由师生共同完成。

六、预期效果

（1）激发学生投身祖国建设的情感认同，主动反思自身在职业选择中存在的错误认知。

（2）引导学生树立正确的人生观、价值观和职业观，积极投入“小我融入大我　青春献给祖国”的实践中。

七、班会准备

（1）资料和道具准备。通过问卷、采访等方式，调查了解大学生的求职现状，搜集相关图片、视频、新闻等案例素材，制作PPT，准备班会互动的相关材料。

（2）环境和人员准备。申请多媒体活动教室，布置班会场景，安排学生做好班会现场图像采集和宣传报道工作。

（3）问题和突发情况准备。做好班会实施中可能出现的问题的预案，例如不同观点间的辩论争执，多重答案的判断讨论等。

八、过程设计

1. 导入主题

【环节一】检视自我，拷问初心

辅导员：在社会生活中，我们每个人都扮演着不同的角色，请问大家都扮演着哪些角色？在这些角色中你承担了哪些责任？

（学生回答略）

辅导员：同学们都很好地诠释了“我”这一“个体”的多种角色，那么请问大家：面对国家，我们是什么角色呢？我们如何看待我们扮演的角色呢？我们应该怎么扮好这个角色呢？

2. 进入主题

【环节二】志在远方，大爱无疆

用学生喜欢的方式展示国家强大形象：图片展示祖国壮丽山河，普通家庭收支数据展示人民美好生活，电影《战狼2》展示我国的国际影响力。

【环节三】随机调查

辅导员："同学们在求职中会选择大城市还是农村？原因是什么？"

（学生回答略）

【环节四】直面问题，引发思考

用学校研究生支教团工作视频和真实故事，展示国家发展建设中仍然存在区域发展不平衡、不充分的问题，引发学生思考。

【环节五】国在心中，无问西东

分享全国十佳大学生的先进事迹，用身边的榜样激发学生"小我融入大我"的理想信念。

【环节六】互动讨论

提问校训，将学生分组，结合校训内涵和专业特色，请学生分小组讨论对"厚德、笃学、崇实、尚新"的理解，并进行分享。

3. 总结升华

【环节七】点评学生发言，深化班会主题

辅导员呼应班会开头提出的问题，引导学生思考，并总结点评学生发言。

【环节八】学习习近平总书记的"青春寄语"

习近平总书记说："人的一生只有一次青春。现在，青春是用来奋斗的；将来，青春是用来回忆的……总之，只有进行了激情奋斗的青春，只有进行了顽强拼搏的青春，只有为人民作出了奉献的青春，才会留下充实、温暖、持久、无悔的青春回忆。"

【环节九】辅导员寄语

同学们，用奋斗将理想与现实联系在一起，将"小我"融入"大我”，用青春奉献祖国。

九、班会亮点

（1）形式新颖，设计精巧。班会从准备、实施到总结的全过程，始终坚持以学生为主体，让学生能够有效准备、积极思考，激发学生参与的积极性。

（2）内容充实，成效明显。充分发掘和发挥社会热点的教育价值，从身边人、身边事出发，引导学生形成正确的世界观、人生观、价值观和择业观。

祖国在我心中

刘 娟　滁州职业技术学院

一、班会对象

大学三年级学生。

二、班会背景及目的

1.班会背景

爱国是人们对于祖国的一种深厚的依恋、爱护，以及与此相应的实际行动。爱国是每个公民应当遵循的最基本的价值观念和道德准则，也是中华民族的光荣传统。大学时期是人生中最富活力的时期，是世界观、人生观、价值观形成的关键时期。要用爱国主义教育引导大学生树立正确的世界观，确立社会主义理想信念，坚定正确的政治立场和政治观念。引导大学生对我国社会政治制度产生认同感，同时，增强抵制错误社会思潮的能力，成长为对国家和社会发展有用的人才。同时，关注并合理引导大学生爱国的方式方法，加强大学生理性爱国教育，使大学生成为理性的爱国者。

2.班会目的

（1）帮助大学生重温经典，缅怀先烈，激发大学生学习的兴趣，珍惜现在的美好生活。

（2）让大学生懂得爱国与职责的关系，引导大学生理性爱国，坚定他们实现中华民族伟大复兴中国梦的信念。

三、班会重难点

1.班会重点

帮助大学生正确理解中国梦的内涵，共同见证中国的强大。

2.班会难点

引导大学生理性爱国，培养大学生的爱国主义情感。

四、班会设计理念

秉承“学生为主体、教师为主导”的教育理念，采用“互动、引导”的教学方法，由师生共同完成。通过课堂主渠道将大学生思想政治教育与热点事件相结合，激发大学生强烈的爱国主义情感。

五、班会形式

采取讲授等形式。

六、预期效果

（1）使学生对祖国有更深刻的认识，在以后的学习和生活中能切实做到爱国、爱校、爱家、爱自己。

（2）提高大学生的思想道德修养，引导大学生自觉以德立身，敢担当、敢作为，为实现中华民族伟大复兴的中国梦贡献力量。

七、班会准备

（1）布置黑板，摆放座位，营造气氛。

（2）搜集相关图片、新闻、案例，准备互动需要的小红旗等。

（3）制作PPT，调试多媒体设备。

（4）对班会召开过程中可能存在的问题做好预案。

八、过程设计

1.导入主题

辅导员：同学们，你们好！今天把大家召集在此，是要开一个爱国教育主题班会。今天的主题班会分四个部分：第一部分：可爱的中国；第二部分：中国梦，中国强；第三部分：青年强国说；第四部分：理性爱国。

【环节一】选读《可爱的中国》

辅导员：方志敏是革命家、政治家、军事家、杰出的农民运动领袖，2009年被中宣部评为“100位为新中国成立作出突出贡献的英雄模范人物”。他最让后辈佩服的，是他在狱中利用敌人让他写投降书的纸和笔，写下的那篇饱含对祖国真情的散文——《可爱的中国》。

“中国是生育我们的母亲。你们觉得这位母亲可爱吗？我想你们是和我一样的见解，都觉得这位母亲是蛮可爱蛮可爱的。”这样的文字在这篇饱含深情的文章中随处可见，方志敏对祖国的感情是那样深厚、热烈，激发我们对祖国无尽的热爱之心，他全身心投入中华民族的革命事业之中，舍弃名利、家庭，心中只有祖国。对祖国，他从来没有失去信心。方志敏同志这种心系祖国、坚定的爱国精神正是新时代青年所需要发扬的。

我想找位同学谈一下读完后的感受，你认为当代大学生应该怎么做？

（学生回答略）

2. 进入主题

【环节二】了解中国梦，中国强

辅导员：何为中国梦？中国梦是习近平总书记提出的。中国梦就是中国人民的梦，就是实现国家富强，民族振兴，人民幸福。这个梦想，它凝聚和寄托了几代中国人的夙愿，它体现了中华民族和中国人民的整体利益，它是每一个中华儿女的共同期盼。

展示国庆阅兵的图片：装甲战车、飞机方队、东风-41导弹等，带领学生共同见证中国的强大。

【环节三】解读"青年强国说"

辅导员：习近平总书记在十九大报告中寄语："青年兴则国家兴，青年强则国家强。青年一代有理想、有本领、有担当，国家就有前途，民族就有希望。"

2016年12月，在全国高校思想政治工作会议上，习近平首次点评"95后"大学生：现在高校学生大多是"95后"，再过两年，新世纪出生的青少年也将走进高校校园。他们朝气蓬勃、好学上进、视野宽广、开放自信，是可爱、可信、可为的一代。对当代高校学生，党和人民充分信任、寄予厚望。

可见，青年时期是人一生中学习的黄金时期，只有以只争朝夕的精神状态学习本领、磨砺自我、增长才干，才能担当起强国使命。希望在座的每位同学都能感知"青年强国说"下的担当。

【环节四】通过分析热点事件引导学生理性爱国

播放2012年钓鱼岛问题所引发的打砸抢事件视频及图片。

辅导员：爱国是无罪的，是值得鼓励的，是应该肯定的，也是应该学习的。但是视频和图片中的"打砸抢"是真的爱国吗？

真正的爱国不需要泄愤、无法无天，爱国需要的是守法、文明、理性。

爱国是每个国民心底存在的最基本的感情。作为大学生，爱国不是遥远的事情，就在我们的学习中，生活中，伴随我们生，伴随我们长，伴随我们老！今天我们以祖国为荣，趁年轻，努力学习，终有一天，祖国以我们为荣！

3.总结升华

【环节五】师生共同演唱歌曲《大中国》

辅导员：这首《大中国》，同学们听过吗？

（学生回答略）

辅导员：我请同学们站起来和我一起唱这首歌送给我们伟大的祖国。（发放小红旗，跟学生一起唱。）

【环节六】总结

辅导员：真正的爱国不是开一堂主题班会就能完全实现的，真正的爱国应体现在平时的一点一滴中，没有对父母、对学校、对老师、对班级、对同学的爱，是不能够谈爱国的。请同学们记住，无论将来身居何处，都不要忘记自己是中国人！无论到何时，都不要忘记自己是中华儿女！

九、班会亮点

（1）紧密联系当前时政热点，充分调动同学们的积极性。

（2）活动内容丰富、形式多样，安排合理、层次分明。

青春告白祖国　我与祖国共成长

——筹备庆祝新中国成立70周年华诞快闪活动主题班会

张海燕　中国科学技术大学

一、班会对象

大学一年级团结班学生。

二、班会背景及目的

1.班会背景

2019年10月1日是中华人民共和国成立70周年纪念日，是一个万众瞩目、令人心潮澎湃的日子。辅导员要把握时代主题，积极引导学生铸牢中华民族共同体意识，培养担当民族复兴大任的时代新人。

2.班会目的

（1）铸牢中华民族共同体意识。通过召开班会，积极倡导各种文明交流融合，坚持把“铸牢中华民族共同体意识”“民族团结一家亲”思想注入学生的头脑中。

（2）激发学生的爱国热情。通过召开班会，让学生感悟爱国的深刻内涵，教育引导学生正确认识时代责任和历史使命，正确认识实现远大抱负要靠脚踏实地的努力，激发学生的报国之志。

（3）通过策划快闪活动，充分发挥学生的主体作用，激发学生参与活动的主动性，厚植学生的爱国主义情怀。

三、班会重难点

1.班会重点

引导大学生树立爱党爱国意识，抒发爱国情怀，积极向新中国70周年华诞献礼。

2.班会难点

加强与学生的沟通互动，引导学生深刻认识爱国的内涵，鼓励学生为实现中国梦贡献力量。

四、班会设计理念

把握时代主题，通过观看直播、开展活动，引导学生深刻认识中国梦的本质是国家富强、民族振兴、人民幸福，激发学生爱党爱国爱社会主义的巨大热情，凝聚奋进新时代、实现民族复兴的磅礴伟力；激发学生接力前辈的报国之志、奋斗之举、创新之思，坚定志向、勇于奋斗，让个人的青春在追梦奔跑中美丽绽放。

五、班会形式

采取讲授、讨论等形式。

六、预期效果

（1）开展策划“快闪”活动的爱国主题班会，激发学生的爱国主义情怀。

（2）学生为能以“快闪”形式向新中国70周年华诞献上祝福而感到由衷的骄傲和自豪。

（3）弘扬爱国主义教育的主旋律，唤醒学生的爱国意识，引导学生将爱国情怀转化为做好身边的每一件小事。

七、班会准备

（1）在学生朋友圈、班级群里转载爱国相关文章，渲染爱国氛围。

（2）布置班会场所，营造轻松和谐的交流环境。

（3）搜集相关图片、网络热词等，制作班会PPT。

八、过程设计

1.导入主题

辅导员：同学们，2019年是中华人民共和国成立70周年，万众瞩目，令人心潮澎湃，各种献礼活动层出不穷，都表达着对祖国的祝福。今天我们召开班会，就是要和大家讨论一下我们团结班准备在十一当天举行快闪活动的形式和环节？

【环节一】讲述“团结班”名称的寓意

辅导员：班级名称承载着大家的期望、班级的发展方向，体现了班级的文化内涵，有谁能把我们班级名字“团结班”的寓意说一下，或者谁能够用一种颜色鲜明的物品来比喻一下“团结班”?”

（学生回答略）

辅导员：祖国大家庭里有56个民族，民族团结一家亲，同心共筑中国梦。

70年来，我国各族人民在中国共产党领导下，团结奋斗，艰苦创业，使祖国面貌发生了翻天覆地的变化。

2. 进入主题

【环节二】互动讨论

辅导员：作为新时代的大学生，我们能为民族团结做些什么？

（学生回答略）

辅导员：作为新时代的大学生，作为担当民族复兴大任的时代新人，要肩负起铸牢中华民族共同体意识的使命担当，守护好铸牢中华民族共同体意识的坚强阵地，建设好铸牢中华民族共同体意识的重要堡垒。

【环节三】策划向祖国告白的“快闪”活动

辅导员：新中国70华诞将近，我们团结班计划在祖国母亲生日之际，用一场青春的“快闪”，唱响华章，向祖国母亲献礼。请大家讨论讨论开展快闪活动的具体形式和环节？

全班共同讨论确定“十一”当天开展活动的内容、形式和具体环节，成立筹备小组，为活动做准备……

3. 总结升华

【环节四】总结

辅导员：同学们，传递正能量，开启新征程，承载新梦想！用责任和担当向新中国成立70周年献礼!我们团结班全体同学要把浓浓的爱国情转化为实际行动，用澎湃的爱国热情感染每一颗中国心。需要强调的是，我们的爱国热情不能止于一次活动，使之“内化于心、外化于行”才是我们今后要努力的方向。在爱国情怀中努力学习奋斗，在快乐奔跑中勇敢逐梦，这才是我们每一个团结班同学应有的姿态！

同学们！加油！

主题班会到此结束！

九、班会亮点

（1）注重深化爱国主义和民族团结教育。通过团结班师生筹备庆祝中华人民共和国70周年快闪活动班会的过程，把“爱国主义教育”“铸牢中华民族共同体意识”融入学生活动之中。通过班会，将“小我融入大我 青春献给祖国”的生动实践传递给每一位同学。

（2）立足“多元一体”的班级文化特色，注重打造团结爱国的育人体系。将“有意义”和“有意思”相结合，“喷灌渗灌”与“精准滴灌”相结合，创新思想政治教育方式方法，通过开展班会和组织活动，营造铸牢中华民族共同体意识的校园氛围。

（3）坚持“自育”和“他育”相统一。以文化人、以文育人，发挥学生的主体地位，增强学生的获得感。通过开展活动，充分调动学生的主动性、积极性，汇聚学生的智慧和力量，让学生在活动中进行自育，在活动中发掘自我、提升自我、实现自我。

莘莘学子齐传承　团结浇灌石榴红

陆书琴　合肥幼儿师范高等专科学校

一、班会对象

2018级民族团结共建班学生。

二、班会背景及目的

1. 班会背景

为了进一步加强各民族学生之间的交流和友谊，维护民族团结的大好局面，在全校学生中间形成“互相理解、互相尊重、互相信任、互相学习、互相帮助”的浓厚氛围，实现我校新疆班教育教学管理的跨越发展，2018年正式成立了民族团结共建班。

根据我校实际情况，让学生了解少数民族情况和民族文化知识，懂得维护民族团结可以从身边的小事做起，让民族团结之花常开长盛，召开民族团结主题班会十分必要。

2. 班会目的

（1）通过班会的召开，让同学们懂得民族团结的重要性和现实意义，认识到民族团结可以从自身做起，从身边小事做起。

（2）加深同学们对少数民族历史文化知识的了解，鼓励维吾尔族和汉族同学主动接触，通过实际行动形成互相尊重、平等相待、和睦相处、共同学习、共同进步的良好氛围。

（3）使同学们认识到民族团结说到底就是人与人的团结，从自己做起，与各族人民团结一心，开拓进取，为实现中华民族伟大复兴的中国梦而继续奋斗。

三、班会重难点

1. 班会重点

通过共建班级系列活动之主题班会，在日常学习生活中开展民族团结联谊活动，帮助各民族学生掌握彼此间相处的“小锦囊”，营造班级团结互助的良好氛围。

2. 班会难点

（1）班会各个环节的设计要贴近学生实际，让学生都有参与的机会，力争班会效果的最大化。

（2）班会召开过程中要及时结合学生的心理状态进行引导，以达到主题班会的效果。

四、班会设计理念

按照“认识问题、分析问题、解决问题”的思路设计班会主线，层层递进，具体分为三个板块：板块一，学有所悟——认识民族团结，即通过阿里帕·阿力马洪和王燕娜的感人事迹，让青年在感动之余奋力前行；板块二，以身作则——巩固民族团结，通过校园民族团结之星的情景剧表演，给出各民族学生日常交往的“小锦囊”；板块三，精神传承——弘扬民族精神，通过点亮祖国版图的活动，让学生情动、心动、行动，以身作则，从身边小事做起，怀家国大爱，为实现中国梦贡献自己的力量。

五、班会形式

采取讲授、讨论等形式。

六、预期效果

（1）学生熟悉民族团结的内涵，体会民族团结的力量，认识民族团结对中华民族的重要作用。

（2）提高学生对民族团结进步事业的关注度。

（3）帮助学生学会与不同民族的同学和谐相处、团结友爱、互帮互助。

七、班会准备

（1）查阅有关民族团结的文件资料，制作PPT等。

（2）召开班委会议，对班会内容进行讨论和安排，确定班会的形式和主题。

（3）准备情景剧服装、道具、小卡片等。

八、过程设计

1. 导入主题

【环节一】问题导入

辅导员：咱们民族团结共建班成立已经一年了，大家平常一起学习和生活，民族关系的维护自然成了我们日常的一项重要工作，如何共同创造团结和谐的大好局面是我们必须思考的问题。

2.进入主题

【环节二】学有所悟——认识民族团结

分享阿里帕·阿力马洪和王燕娜的感人事迹。

辅导员：影片《真爱》的主人公阿里帕·阿力马洪是2009年感动中国人物，她和丈夫共同收养了10个来自汉族、回族、维吾尔族、哈萨克族4个民族的孤儿，加上塔塔尔族、乌孜别克族的女婿、儿媳，全家是有6个民族成分的大家庭。

王燕娜，河南省扶沟县人。2007年3月，维吾尔族少年毛兰江被查出患有急性肾衰，生命危在旦夕，须立即做换肾手术，而他家中所有直系亲属都不符合换肾标准。2007年9月17日，王燕娜了解到情况后，隐瞒了家人，辞去临时工作，主动提出无偿捐献肾脏的请求，医院对她作了生化数据的检查，结果显示十六个项目全部适合。2008年3月27日，捐肾手术成功。此次手术成为新疆医学史上第一例不同民族之间无偿捐献肾脏的手术。王燕娜用可能要付出生命的代价，书写了民族团结的感人篇章，体现了新时代的雷锋精神和当代青年的优秀品质。

（同学们分享感受略）

辅导员：身边民族团结的好模范让我们感动之余更有了奋进接力的热情。

【环节三】以身作则——巩固民族团结

欣赏学生自编情景剧，学习与各民族同学相处的“小锦囊”。

辅导员：每个人都要高举民族大团结的旗帜，弘扬伟大的爱国主义精神，下面请欣赏咱们的民族团结之星们带来的情景剧《皖疆一家亲》。

学生开展讨论，反省自己在维护民族团结方面存在的不足，并思考该如何做?

辅导员总结各民族同学日常相处的“小锦囊”：明辨是非，立场坚定；互相尊重，加强交流；齐心协力，共同发展。

【环节四】精神传承——弘扬民族精神

点亮祖国版图，写下对祖国的祝福语。

师生共同分享祝福语。

3.总结升华

【环节五】总结

辅导员：今天的主题班会，我们通过一系列的活动，让大家充分感受到民族团结的重要性。无论过去、现在还是未来，中国青年始终是实现中华民族伟大复兴的先锋力量。时代的进步中，有青年的责任；祖国的发展中，有青年的梦想。同学们，让我们从身边的小事做起，以身作则，怀有一颗坚贞的心，并持之以恒，成为维护民族团结的践行者。国是千万家，家是最小国，只有民族团结，国家才能和谐，我们的中国梦、个人梦才能实现。最后，让我们给彼此一个拥抱和微笑，感受来自民族团结的温暖！

九、班会亮点

（1）发挥学生主体作用。讨论环节的设置充分发挥学生的主动性和积极性，体现了知、情、意、行的过程，使学生学有所获。

（2）时代特色鲜明。班会内容紧密围绕习近平新时代中国特色社会主义思想，突出爱国的主题。

（3）教育意义深刻。班会中运用活动、情景剧等形式，具有启发性和示范性。结尾祝福祖国环节，饱含深情，贴合学生实际，具有深远的教育意义。

勿忘国耻　逐梦前行

刘小婧　六安职业技术学院

一、班会对象

大学二年级学生。

二、班会背景及目的

1. 班会背景

本次班会紧密结合时事，以第六个南京大屠杀死难者国家公祭日为契机，以“勿忘国耻　逐梦前行”为主题，落实习近平总书记关于弘扬爱国主义精神，必须把爱国主义教育作为永恒主题的指示。

2. 班会目的

（1）激发学生的爱国热情，引导学生树立爱国情怀，激励他们承担青年使命、发挥青年力量。

（2）落实党中央的要求，引领学生把爱国情、强国志、报国行自觉融入坚持和发展中国特色社会主义事业，建设社会主义现代化强国，实现中华民族伟大复兴的奋斗之中。

（3）让学生明白自己肩负重任，要胸怀理想，艰苦奋斗，以更高标准要求自己，为实现中华民族伟大复兴的中国梦而不懈努力。

三、班会重难点

1.班会重点

（1）引导学生“勿忘国耻”，从思想上让学生深刻明白当代美好生活与这些沉重的历史的关系。

（2）引导学生珍惜当下，热爱祖国，为实现中华民族伟大复兴贡献自己的力量。

2.班会难点

（1）调控跌宕起伏的班会气氛，让学生完全融入四个看似不同又环环相扣的情境中。

（2）紧扣主题展开，引起学生的爱国共鸣。

四、班会设计理念

当代大学生正值青春，有情怀，有梦想，辅导员应该帮助他们树立爱国情怀，激发他们承担青年使命、发挥青年力量的理想信念。这也是本次班会的主要目的。

本次班会分为四个情境，分别为忆往昔，勿忘国耻；看今朝，歌唱祖国；绘蓝图，畅想未来；树宏志，庄严宣誓。

五、班会形式

采取讲授、做游戏等形式。

六、预期效果

（1）引导学生牢记历史，勿忘国耻，激发学生的爱国热情。

（2）引导学生珍惜现在的幸福生活，努力学习，为实现中华民族的伟大复兴而发奋图强。

七、班会准备

（1）准备小红旗20面，在“歌唱祖国”环节使用。准备便笺纸20张、玻璃漂流瓶1个，在游戏环节使用。

（2）申请多媒体活动教室，布置班会场景，安排学生做好班会现场图像采集和宣传报道工作。

（3）做好班会召开过程中可能出现的问题的预案。

八、过程设计

1.导入主题

【环节一】问题导入

辅导员：今天我们聚集在此，召开“勿忘国耻　逐梦前行”主题班会

2.进入主题

【环节二】忆往昔，勿忘国耻

辅导员：2019年12月13日，是第六个南京大屠杀死难者国家公祭日。82年前的今天，日军的枪声撕碎了南京的天空，美丽的金陵城沦为死寂的乱葬岗。南京大屠杀不是杜撰的故事，而是真实的历史。这是整个中华民族的悲剧，是整个世界的灾难。1937年的今天，金陵城正经受着怎样惨绝人寰的腥风血雨？首先通过一个短视频，带大家回顾一下这

段历史。

观看视频之后，引用南京大屠杀纪念馆展厅墙上的一句话告诫同学们：“可以宽恕，但不可以忘却。”记录不是因为仇恨，铭记不是为了复仇，而是为了纪念那些遭遇不幸的人，传承那些幸存者的诉说，警示那些狂妄的包庇者，激励那些年轻的建设者。

【环节三】看今朝，歌唱祖国

辅导员：党中央高度重视弘扬爱国主义精神，凝魂聚气，强基固本，我们要把爱国情、强国志、报国行自觉融入坚持和发展中国特色社会主义事业，建设社会主义现代化强国，实现中华民族伟大复兴的奋斗之中。

近期学校也隆重举行了庆祝中华人民共和国成立70周年系列活动，给全体师生开展了一次爱国主义的教育。同时，在全国各地各行业，爱国热情空前高涨，凝聚起再出发的磅礴力量。下面请全体同学起立，拿起座位上的国旗，一起演唱《歌唱祖国》这首歌，一起感受祖国如今的繁荣。

【环节四】绘蓝图，畅想未来

带领学生做游戏，请同学们共同来畅想一下十年后的祖国和自己会是什么样子。给大家两分钟的时间，思考并在便签纸上写下对祖国和自己的祝愿，并将其放在漂流瓶中。鼓励学生大胆畅想，尤其是写给十年后的自己，可以结合自身的情况和所学专业来大胆描绘未来的自己。

然后，和学生们定一个十年之约。十年后，大家相聚在学校，将今天埋下的愿望和祝福启封，看看自己有没有成为十年前最想成为的样子；看看祖国盛世，有没有如自己当年所愿。

3.总结升华

【环节五】树宏志，庄严宣誓

最后一个环节，为了加深同学们对本次班会的理解，进一步激发同学们的爱国情怀，请大家起立，庄严宣誓。

“让我们以青春的名义，向祖国宣誓：

我们不会忘记祖国曾经受过的苦难，

我们会不忘初心，牢记使命，

为实现中华民族伟大复兴的中国梦不懈奋斗！”

【环节六】总结

辅导员：作为新时代的参与者、建设者和见证者，我们要勿忘国耻，逐梦前行。

希望通过本次班会，大家能够树立承担青年使命、发挥青年力量的理想信念。中国的希望在你们，民族的未来在你们，一定要坚定信心、咬定目标，不断开创新时代中国特色社会主义的新境界，朝着伟大目标奋勇前进，为实现中华民族伟大复兴的中国梦而奋斗。

九、班会亮点

（1）本次班会以时事为切入点，在契合主题的同时，具有很强的时效性。

（2）本次班会形式活泼，让学生在轻松、自在的氛围中得到教育，调动了学生的积极性和主动性。

（3）引导学生自主思考，主动融入其中，学有所获。

讴歌新中国　奋进新时代

姜 奥　安徽财贸职业学院

一、班会对象

大学二年级学生。

二、班会背景及目的

1.班会背景

习近平总书记在庆祝中华人民共和国成立70周年大会上指出，中国的昨天已经写在人类的史册上，中国的今天正在亿万人民手中创造，中国的明天必将更加美好。中国的今天和明天是广大人民通过坚持不懈的努力造就的。当代青年是同新时代共同前进的一代。我们面临的新时代，既是近代以来中华民族发展的最好时代，也是实现中华民族伟大复兴的最关键时代。广大青年既拥有广阔发展空间，也承载着伟大时代使命。

2.班会目的

（1）展现新中国成立以来的伟大成就，让学生能够更加深刻地认识到新中国从站起来到富起来再到强起来的伟大巨变。

（2）弘扬爱国主义精神和民族精神，深入推进社会主义核心价值观建设，激发学生奋发成才、报效祖国的热情。

三、班会重难点

1. 班会重点

让学生深刻学习体会新中国的巨变，从中领悟到中华儿女的奋斗精神，进一步落实到自己具体的行动中，将个人目标同民族复兴的宏伟目标结合起来，并为之不懈奋斗。

2. 班会难点

使学生了解新中国建立的艰辛历程和祖国建设取得的伟大成就，理解中国共产党领导中国人民走社会主义道路是历史的必然选择。

四、班会设计理念

新中国成立70年来，全国各族人民同心同德、艰苦奋斗，取得了令世界瞩目的伟大成就。新时代，是历史方位；中国梦，是前进目标；时代新人，是实现梦想的主体。此次班会以“讴歌新中国　奋进新时代”为主题，以五个模块活动为载体，让同学们对于新中国取得的成就有更全面更深刻的认识，对新时代新中国的历史方位有清晰的认知，继而激发新时代青年大学生的奋进精神。

五、班会形式

以辅导员为主导、学生为主体，通过“学”“看”“听”“行”四大板块，以集中学习、个案分享、小组讨论等形式展开。

六、预期效果

（1）加深学生对新中国成立70周年辉煌历程的理解，明确自己的奋斗目标。

（2）使学生更加热爱伟大的祖国，为自己是一个中国人而自豪，把自己的理想同祖国的前途、民族的命运紧密联系在一起。

（3）引导学生为了理想坚持不懈，创造无愧于时代的人生。

七、班会准备

（1）召开班委会议。通过召开班委会议，提前让班委搜集相关资料，班委会成员集思广益，就班会主题及内容展开全面讨论。

（2）搜集相关材料。在举办班会之前，将本次班会的活动素材搜集工作分配给学生，促进学生对班会主题的把握，让主题班会取得更好的教育效果。

八、过程设计

1. 导入主题

【环节一】“穿越时空”

班会开始之前，辅导员以“复兴号”列车长的身份引起学生的兴趣，带领他们乘坐“复兴号”列车穿越时空，见证新中国成立70周年的发展历程，继而完成整个班会的流程。

2. 进入主题

【环节二】明德厚“学”

在这一环节，带领学生集中学习新中国成立以来的伟大变化，如新中国“十大辉煌成就”、新中国“五大圆梦工程”等。通过系统地学习新中国的伟大巨变，引发学生的感叹，从而让学生认识到这些都是一代代中华儿女通过不懈奋斗才取得的成就，来之不易。

【环节三】“看”古论今

辅导员带领学生感受自己身边的变化。首先，给学生展示《人民日报》刊登的《复兴大道70号》的“穿越照”，通过73张图片组成的一条复兴大道，让学生更直观地看到祖国的变化。其次，辅导员向学生展示班会之前搜集到的关于学生家乡的老照片和新照片，感受家乡的今昔对比。

【环节四】倾耳细“听”

辅导员组织开展听诗歌、听电视等活动。首先邀请两位学生为大家朗诵舒婷的爱国诗歌《祖国啊，我亲爱的祖国》，通过诗歌的感染力，进一步激发学生的爱国情怀。在听电视的环节，播放1981年中国女排夺冠的电视节目，遮上电视画面，让大家感受几十年前的电视是怎样“听”的，也借此向学生传递历久弥新的女排精神。

【环节五】知“行”合一

辅导员通过总结前面环节所展示的内容，让大家意识到，新时代的一切成果都来之不易。通过学生心愿分享活动，帮助大家明确自己在新时代的奋斗目标，引导学生把口号落实到实际行动中来。

3.总结升华

【环节六】总结

辅导员：70年很短，短到仿佛只有一瞬，70年又很长，长到我们可以用一生来创造！当代青年是同新时代共同前进的一代。我们所处的新时代，既是近代以来中华民族发展的最好时代，也是实现中华民族伟大复兴的最关键的时代。习近平总书记勉励广大青年学生，要志存高远，脚踏实地，学好知识，打好基础，增长才干，将来为中华民族伟大复兴贡献自己的智慧和力量。

祖国的发展繁荣需要我们广大青年，我们既拥有广阔的发展空间，也承担着伟大的时代使命。

新时代大学生，只有把“小我”融入“大我”，才会有海一样的胸怀，山一样的崇高！

九、班会亮点

（1）四大内容板块设计，能够激发学生的兴趣。安排互动环节，让同学们积极主动参与班会，增强了班会的感染力。

（2）班会按照从点到面、以小见大的设计思路，层层递进，引导学生增强民族自豪感，深刻理解把握班会主题——“讴歌新中国　奋进新时代”的内涵。

讴歌新中国　奋进新时代

牛赫男　安徽水利水电职业技术学院

一、班会对象

大学二年级学生。

二、班会背景及目的

1.班会背景

华夏五千年古老璀璨的历史与文明造就了代代相传的勤劳和善良的中华儿女。先辈们历尽艰辛，为我们创下了美好时代，没有先辈们的努力就没有我们今天的生活。在中国共产党的领导下，经过一代代人的努力，中华民族迎来了从站起来、富起来到强起来的伟大飞跃。让生活在中国特色社会主义新时代的同学们感受到民族的强大，增强建设新中国的使命感和责任感十分有必要。

2.班会目的

（1）帮助学生加深对祖国的认识，正确理解爱国的含义。

（2）弘扬爱国主义精神，激发学生的爱国热情，鼓励学生将个人的发展融入民族复兴的伟大事业之中。

三、班会重难点

1. 班会重点

帮助学生全面认识新中国成立以来艰辛而辉煌的风雨历程。

2. 班会难点

引导学生热爱祖国、感恩时代，将爱国之情转化为努力学习知识、锻造本领的热情和动力。

四、设计理念

2019年是中华人民共和国成立70周年。回首过去，伟大的祖国发生了翻天覆地的变化。为了深入学习党的十九大精神，赶上时代发展的新形势，更好地了解中国革命建设和改革开放波澜壮阔的伟大历史进程，以爱国与奋斗的关系为主题，结合新时代大学生的个性特点，开展“讴歌新中国　奋进新时代”主题班会。通过丰富的班会组织形式，宣传弘扬民族精神的重要意义，在发挥教育作用的同时，充分发挥学生的主观能动性，帮助学生树立远大理想，坚定他们为振兴中华而刻苦学习、努力奋斗的信念。

五、班会形式

采取讲授、讨论等形式。

六、预期效果

通过丰富的班会内容和活泼的组织形式，引导学生有所思有所感，激发学生的爱国情感，鼓励学生主动承担起新时代所赋予的使命。

七、班会准备

（1）确定班会主题，召开班级讨论会，选出班会筹备小组。

（2）搜集新中国成立以来为国家作出贡献的模范人物及他们的事迹。

（3）制作课件，布置班会教室，准备相关道具。

八、过程设计

1.导入主题

【环节一】谈偶像

辅导员：同学们，早上好！今天的班会我想先跟大家聊一聊偶像！偶像，是我们心中崇拜喜欢之人，是一个榜样也是一个目标。相信在座的每一位同学都会有自己的偶像。我想请同学们看一段视频。

（播放《我是演说家》第一季冠军梁植的演讲《我的偶像》）

以“偶像”这个轻松有趣的话题作为班会开场，先引发学生兴趣，通过了解学生的偶像，知晓当下学生的偶像观；再由己及他，引出梁植的偶像——邓稼先的光辉事迹，从而引导学生树立正确的偶像观。

2.进入主题

【环节二】忆历史

习近平总书记强调，历史是最好的教科书，中国革命历史是最好的营养剂。作为当代大学生，除了学习专业知识，更要学习党史、国史，在对历史的深入思考中汲取智慧和力量。

上一环节的“谈偶像”正是为了升华到“忆历史”的部分，由邓稼先引出其他对新中国作出贡献的人物，如钱学森、王选等。紧接着，回顾经典的历史时刻，点燃学生的爱国热情！最后，导入新中国辉煌而艰辛的发展历程，由浅入深地向同学们铺开主题教育的内容。

——忆重要人物。以邓稼先的个人事迹作线索，引入诸多为新中国作出贡献的人物，激励学生向榜样学习。（此处以图片配文字的形式展出多位人物）

辅导员：今天的中国，正是因千千万万个像邓稼先先生一样的前辈无私奉献，才成就了当下的美好。

——忆经典历史时刻。从人物转向具体事件，通过播放中华人民共和国中央人民政府成立典礼的原始影像及电影《我和我的祖国》相关片段，重温历史。

辅导员：沧桑岁月已留痕，繁荣盛世正俱兴。新中国成立以来，让我们热血沸腾、热泪盈眶的历史时刻比比皆是。今天，就让我们一起重温记忆深处那些不可忘怀的片段。

——忆新中国发展历程。历史是最好的教科书，引出新中国的发展历程，升华主题。

辅导员：习近平总书记强调，历史是最好的教科书，中国革命历史是最好的营养剂。作为当代大学生，除了学习专业知识，更要学习党史、国史，在对历史的深入思考中汲取智慧和力量，才能有效地付诸实践，更好地走向未来。因此，我们需要认识、学习新中国的发展历程。

1949年10月1日，毛泽东在天安门城楼上向世界宣告中华人民共和国中央人民政府成立。新中国成立后，以毛泽东同志为主要代表的中国共产党人，顺利进行了社会主义改造，完成了从新民主主义到社会主义的过渡，确立了社会主义基本制度，发展了社会主义的经济、政治和文化。

改革开放以来，以邓小平同志为主要代表的中国共产党人，进一步探讨什么是社会主义、怎样建设社会主义的问题，开创了中国特色社会主义道路；以江泽民同志为主要代表的中国共产党人，加深了对什么是社会主义、怎样建设社会主义和建设什么样的党、怎样建设党的认识，提出了“三个代表”重要思想；以胡锦涛同志为主要代表的中国共产党人，深刻认识和回答了新形势下实现什么样的发展、怎样发展等重大问题，形成了以人为本、全面协调可持续发展的科学发展观。

党的十八大以来，以习近平同志为主要代表的中国共产党人以巨大的政治勇气和强烈的责任担当，提出了一系列新理念新思想新战略，不仅领导中国人民在中国特色社会主义制度建设史上、在人类制度丰碑上写下新的璀璨篇章，也发出了续写中国奇迹、向着伟大复兴梦想继续前进的豪迈誓言。

【环节三】叙成就

展望过去是为了更好地迎接新时代，当下的中国早已今非昔比，创造了无数科技奇迹。通过一组知识问答，加深学生对当下成就的认识，提升学生的民族自豪感。

辅导员：我想通过一组知识问答，和同学们一起感受祖国的强大。

问题1：2019年嫦娥 ______ 号探测器成功发射？

A. 四　　B. 五　　C. 六

问题2：2019年中国第 ______ 艘航母出海试航？

A. 一　　B. 二　　C. 三

问题3：嫦娥四号传回人类首张 ______ 图？

A. 月球正面影像　B. 月球背面影像　C. 月球侧面影像

【环节四】接力棒

在前几个环节的铺垫下，学生们已经深入了解了新中国的过去和现在。面对新时代，当代青年作为接力军，自然有话要说，有责任要担。在这个环节，请学生进行观后感的交流，并就关键问题开展小组讨论，深入思考接力的意义。

——个人谈观后感。学生们对为新中国的发展作出特殊贡献的人物各抒己见。

——小组讨论。通过思考新时代的幸福感、新时代青年的使命，组织学生小组讨论。引导学生把握当下，珍惜眼前，把“小我”与“大我”紧密联系在一起。

——歌颂祖国：由学生代表朗诵《我的祖国》，借此抒发师生的爱国之情，崇敬之意。

（此处播放2019年国庆阅兵相关片段）

3. 总结升华

【环节五】总结

辅导员：作为新时代的青年人，应该学会忆苦思甜，继续传承和弘扬胸怀大局、无私奉献、弘扬传统、艰苦创业的精神；要热爱祖国，感恩时代，珍惜当下，努力践行社会主义核心价值观。作为新时代的接力人，更要时刻牢记使命，提升思想认识的高度，只有将爱国主义精神转化为努力学习知识、锻造本领的热情和动力，才能抓好时代的接力棒，做时代的弄潮儿。

九、班会亮点

（1）主体性突出。结合班级同学的情况，采取多种形式开展班会，充分发挥学生的主观能动性，体现了以学生为主体的教育思想。

（2）时代性鲜明。班会内容围绕新中国的过去、现在及未来有序推进，帮助学生深入了解新中国的发展历程，从而更好地着眼当下，展望未来。

（3）教育性深刻。以榜样人物、经典事件为线索，逻辑清晰，发人深省。

（4）活动形式丰富。多媒体课件的带入性强，视频展播生动形象，互动问答、小组讨论、诗文朗诵等有利于活跃班会气氛。

责任培养篇

拥抱新时代　我们“医”起创青春

李利丽　安徽中医药大学

一、班会对象

大学三年级中医临床专业学生。

二、班会背景及目的

1. 班会背景

贯彻习近平总书记重要指示精神。习近平总书记对中医药工作作出重要指示，强调要遵循中医药发展规律，传承精华，守正创新，推动中医药和西医药相互补充、协调发展，推动中医药事业和产业高质量发展，推动中医药走向世界，为建设健康中国、实现中华民族伟大复兴的中国梦贡献力量。

2. 班会目的

（1）激发学生的爱国情怀及民族自豪感、历史使命感和社会责任感，启发他们追寻学习中医药学的“初心”和“使命”。

（2）引导学生立足自身实际，向榜样学习，立鸿鹄志，把个人梦想与时代使命紧密联系在一起，勇担“救死扶伤”责任和“传承创新中医药文化”使命。

（3）引导学生担当作为，认清理想与现实的差距，查找自身的不足，把梦想落小落细落实，做坚定的中医药文化传承者，用行动践行梦想。

三、班会重难点

1. 班会重点

（1）启发学生坚定专业理想，引导学生真正做到知、信、行的统一。

（2）引导学生树立目标，把爱国主义精神融入成长、发展和成才的全过程，引导学生自觉把青春梦与中国梦相统一。

2. 班会难点

（1）激励学生把梦想转化为实际行动。

（2）引导学生明确专业学习的意义和价值，进一步为自己将来的职业生涯作好准备和规划。

四、班会设计理念

班会从时事热点切入，通过讲授、视频播放等方式，鼓励学生向医学泰斗、中医大师、优秀朋辈学习，立志为中医事业的传承创新发展而努力。通过分析现象、设计实践，帮助学生发现自身存在的不足，督促引导学生学会从小事做起、从自身做起、从学习专业知识做起，勇挑中医专业学生的责任使命，奋发向上、担当作为。

五、班会形式

采取讲授、视频播放等形式。

六、预期效果

（1）班会前，通过设计并在2017级中医专业学生中发放“我为什么要上大学”“我为什么要学中医”主题问卷，启发学生思考，为班会预热。

（2）班会中，通过知识讲授、近期网络热门案例分享、互动提问等方式，摆事实、讲道理，帮助学生认清理想与现实的差距，查找自身不足，引起大部分学生情感共鸣，有效激发学生立足实际、主动担当的意识。

（3）班会后，积极组织开展“五个一”主题实践活动，鼓励学生结合生活实际，在平时的学习、工作、生活中相互监督促进，帮助彼此养成良好习惯，在学生中形成积极向上、主动担当的良好氛围。

七、班会准备

（1）前期调研。根据班会主题制作并发放关于学生学习中医的初衷的网络调查问卷，以了解学生对于中医学专业的认知情况。

（2）互动设计。设计课堂提问。根据班会主题，设计可以增进师生交流，活跃课堂气氛，集中学生注意力，充分调动学生的积极性、创造性的问题，如什么样的人生最精彩？你的梦想是什么？

八、过程设计

1.导入主题

【环节一】“这盛世，如您所愿”

以“这盛世，如您所愿”七字微博案例为线索，结合互动提问的方式，激发学生的民族自豪感和爱国之情，启发学生探寻中医学生的使命和责任担当。

2.进入主题

【环节二】忠于祖国，忠于人民——知晓我从哪里来

通过观看生命从受精卵、婴儿、儿童、青年、中年逐渐到老年的过程视频，介绍班会前问卷调研结果，吸引学生的注意力，引导他们热爱生命、热爱祖国。结合习近平总书记重要指示精神，帮助学生认识到自己肩负的时代责任和历史使命。

【环节三】立鸿鹄志——坚定我将要去哪里

结合问卷调研结果提出问题，告诉学生要把做一名好中医、做中医药文化的传承者作为自己的梦想。再介绍吴孟超和安徽中医药大学优秀大学生张阳的先进事迹，引导学生向榜样学习，立鸿鹄志，做奋斗者，更加坚定自己的梦想和追求。

【环节四】求真学问、练真本领——明白我该怎么做

通过外国人痴心学中医和某些国人对中医存在偏见形成的鲜明对比，引发学生思考中医传承存在的困境。引导学生学好中医要学会"自找苦吃"，求真学问，练真本领。

【环节五】知行合一——确定我要做什么

结合现实中的大学生生活系列图片，直观展示学生大学期间不同的生活态度、学习态度所对应的不同的人生态度，引起学生内心的强烈震撼，思考自己的不足，督促学生将梦想落地，学会知行合一，用实际行动担当作为。

3.总结升华

【环节六】总结

播放中医药专家曹恩泽教授对学生的勉励视频，提醒学生不忘来时的路、不忘肩上的担、不忘心中的梦。激励同学们珍惜生命、热爱生命，用实际行动赋予有限生命无限的价值。以习近平总书记在北京大学师生座谈会上向广大青年提出的"爱国、励志、求真、力行"四点希望作为总结，号召学生不辜负国家和人们对"白衣天使"的称呼，不辜负

社会赋予的责任和使命，把青春梦融入中国梦，做坚定的青年马克思主义者。

九、班会亮点

（1）紧跟时代步伐。班会从网络热门话题切入，紧紧围绕习近平总书记对中医药工作作出的重要指示，富有鲜明的时代性。

（2）贴近学生专业。班会紧密联系中医专业学生实际，立足于学生所学的专业、人生的发展方向，把专业认同教育、责任使命教育充分融入学生教育中。

（3）教育意义深刻。班会很好地把学生们的“青春梦”与“中国梦”紧密地结合在一起，引导学生立足自身实际爱国，承担振兴中医药文化的重任，更好地实现人生价值。

初心使命大家谈

房 燕　滁州学院

一、班会对象

大学一年级音乐学专业学生。

二、班会背景及目的

1.班会背景

党的十九大报告指出："中国共产党一经成立，就把实现共产主义作为党的最高理想和最终目标，义无反顾肩负实现中华民族伟大复兴的历史使命。""不忘初心、牢记使命"主题教育是推动全党更加自觉地为实现新时代党的历史使命不懈奋斗的重要内容。在全党正积极开展"不忘初心、牢记使命"主题教育的背景下，如何面向大学生开展教育活动，是当前高校思政工作必须认真思考的重要课题。

2.班会目的

（1）引导学生正确认识中国共产党人的初心和使命是为中国人民谋幸福，为中华民族谋复兴。

（2）引导学生树立大学求学的目标，定位奋斗方向，细化奋斗步骤。

三、班会重难点

1. 班会重点

讲解“初心”“使命”的概念及中国共产党人的初心和使命。

2. 班会难点

引导学生树立正确的价值观，从大学一年级开始就坚定理想信念，并以自己的实际行动为实现中华民族伟大复兴的中国梦贡献力量。

四、班会设计理念

以新中国成立70周年为切入点，结合音乐学的专业特点，引导学生以弹唱方式表达爱国之情。通过观看有关视频，引出“不忘初心、牢记使命”的主题。师生互动分享自己对“初心”的理解和感悟，引导青年大学生正确定位人生方向。最后以习近平总书记《在纪念五四运动100周年大会上的讲话》中对新时代中国青年提出“六个要”的寄语鼓励青年大学生为实现中华民族伟大复兴的中国梦而努力奋斗。

五、班会形式

采取讲授、视频展示等形式。

六、预期效果

（1）通过主题班会，使学生更加清晰地认识中国共产党人的“初心”与“使命”的内涵。

（2）学生可以正确认识新时代大学生应该肩负的责任与担当，坚定理想信念，自觉担负时代赋予的使命，将个人理想和国家前途、民族命运紧密结合在一起，勇做担当民族复兴大任的时代新人，在实现中华民族伟大复兴的中国梦中实现自己的人生价值。

七、班会准备

（1）召开班委会，充分了解大学一年级新生入校以来的思想状况。

（2）引导学生提前学习中国共产党“初心与使命”的有关知识。

（3）指定歌曲弹奏人选、准备视频等。

八、过程设计

1.导入主题

【环节一】唱心声

全班同学和辅导员一齐弹唱《我和我的祖国》。

【环节二】看视频

观看有关“不忘初心、牢记使命”主题教育的视频，引出本次班会的主题

2.进入主题

【环节三】讲内涵

辅导员讲解“初心”“使命”的内涵及自己对“初心”“使命”的理解。

【环节四】谈理解

学生代表谈自己对“初心”“使命”的理解。

【环节五】写出初心和使命

要求大学一年级新生写出自己上大学的初心和使命，由辅导员存档四年，毕业时再看初心和使命的践行情况，不断激励自己。

3. 总结升华

【环节六】总结

辅导员以习近平总书记《在纪念五四运动100周年大会上的讲话》中对新时代中国青年提出的“六个要”的寄语鼓励当代大学生勇敢地肩负起时代赋予的历史重任，树立远大理想信念，把自己融入历史发展的大潮中，把自己锻造成为中国特色社会主义事业的合格建设者和可靠接班人。

九、班会亮点

（1）以弹唱导入，易引起学生共鸣，体现了音乐学专业的专业特色。

（2）老师和学生共同分享自己的初心和使命，把理想信念教育巧妙融入师生互动环节，使学生深刻感受到此次主题班会的教育意义。

回望一百年念赤子心　重逢新时代做追梦人

张弦乐　合肥学院

一、班会对象

大学二年级应用心理学专业学生。

二、班会背景及目的

1.班会背景

2019年是新中国成立70周年，也是五四运动100周年。五四运动一百年后，新时代的青年站在新的历史节点上，有必要认真思考：五四精神有着怎样的时代价值？当下我们处在怎样的社会环境中？作为新时代的中国青年，我们肩负着怎样的历史使命？

2.班会目的

（1）重温历史，引发思考。以五四运动100周年为契机，重温一百年前青年们为济世救民，不惜舍生取义的精神，引导新时代青年大学生思考其责任与担当。

（2）秉承五四精神，以复兴宏愿激发学生的责任感和使命感，引导新时代青年大学生将个人理想融入国家建设与民族复兴的伟大事业中，成为新时代中国特色社会主义事业的合格建设者和可靠接班人。

（3）以团体辅导的方式创新班会形式，充分发挥学生的积极性和主动性，提高学生对班会的参与度，提升班会效果。

三、班会重难点

1. 班会重点

（1）感悟历史。通过活动让学生深刻体会五四运动中体现的爱国主义精神，以及中华民族百折不挠、自强不息的民族精神。

（2）弘扬精神。引导学生以自己的实际行动继承和弘扬五四精神，将自己个人的梦想与中国梦紧密地联系在一起，实现“小梦”和“大梦”的结合。

（3）勇做表率。教育引导学生在社会文明和进步中刻苦钻研，勇于拼搏，彰显青年人“舍我其谁”的豪情壮志。

2. 班会难点

（1）理论与实际相结合。将相关理论知识与学生的具体实际行动相结合，更好地指导学生的学习和生活，让学生通过主题班会，更好地了解历史，勇当新时代的先锋。

（2）创新班会形式。采取团体辅导形式组织班会，更好地将团体辅导相关技术运用到班会中来，调动学生的积极性和主动性。

四、班会设计理念

针对当代某些大学生出现的思想懈怠、缺乏责任心和使命感、对未来迷茫等情况，以一百年前的五四运动为切入点，用教育短片、情景模拟、朗诵、自由分享等形式引导大学生以五四精神为指引，提高自身的思想政治觉悟，明确自身的责任和使命。

五、班会形式

采取观看视频、情景表演等形式。

六、预期效果

（1）引导学生以自己的实际行动继承和弘扬五四精神，将个人理想与实现中华民族伟大复兴的中国梦紧密地联系在一起。

（2）提高学生的思想政治觉悟，增强学生的爱国主义情感，唤醒学生的责任感和使命感。

（3）凝聚班集体的力量，增进同学之间的感情，建设积极团结的班级文化。

七、班会准备

（1）确定班会主题，收集五四运动的历史资料，下载主题班会需要的视频，准备班会课件。

（2）申请班会教室，确定教室座位安排。

（3）提前调试多媒体设备。

八、过程设计

1. 导入主题

【环节一】忆往昔峥嵘岁月

辅导员：亲爱的同学们，大家上午好，在开始今天的班会之前，我先问大家几个问题：今年是新中国成立多少周年？纪念五四运动多少周年？国庆大阅兵大家都看了吗？有什么样的感受？

（学生自由发言略）

辅导员：是的，刚刚大家都提到了观看阅兵让我们震撼、感动、自豪，切实地感受到了国家的富强和伟大。那关于五四运动，大家又了解多少呢？今天我们就借纪念五四运动100周年的契机，深刻地去感受一百年前革命先烈们滚烫的青春和令人敬仰的精神。

2. 进入主题

【环节二】播放视频《一百年华　纪念五四运动100周年》

辅导员概括视频内容，请学生思考下面几个问题：五四精神有着怎样的时代价值？我们当下处在怎样的社会环境中？新时代中国青年肩负着怎样的历史使命？

辅导员：五四运动，是一场伟大的爱国运动。中国青年在风雨如磐、民族危亡的历史关头，为救亡图存、振兴中华奔走呼号，奋不顾身，表现出高尚的爱国情操和大无畏的英雄主义。这场运动孕育的爱国、进步、民主、科学的五四精神，成为中国人民和中国青年在党的领导下为中华民族伟大复兴而不懈奋斗的宝贵精神财富。

相信大家看完视频后，对刚刚的问题也有了自己的答案。下面的自由分享环节交给你们，哪位同学先来分享一下自己的答案？

（学生自由发言略）

辅导员：同学们说得都非常好（针对问题具体评论）。如今，五四运动已作为光辉的一页载入了中华民族的史册。然而，五四运动更体现了青年人关注国家命运的责任和使命，振兴民族大业的赤胆与忠心。我们纪念“五四”这个日子，不仅是回顾历史，更重要的是要从历史事件中得到启发和教育，我们要继续发扬五四精神，做新时代的青年勇士。

【环节三】穿越百年的对话

辅导员：想象一下，如果给你们一次给五四先驱打电话的机会，比如鲁迅、李大钊，或者是其他一名普通的青年，你们会怎么打这通跨越百年的电话，会问他们什么问题？他们又会跟你们说些什么？下面我们通过“穿越百年的对话”这一情景活动，和先辈们进行一次穿越时空的交流。

（1）将学生均分两组，甲组的身份是1919年的五四前辈，乙组的身份是2019年的自己。

（2）准备两份小纸条，上面写着五四时期的先辈身份（普通爱国青年、李大钊、鲁迅等），两份纸条内容、数量、折叠方式一致，分别由两组同学抽取。抽到身份名称的乙组同学给对应身份的甲组同学打一个跨越百年的电话，每对有三分钟自由对话时间。

（3）请同学们分享感受，辅导员总结。

辅导员：其实革命先烈离我们很近，他们的精神永远留存，我们要以己之力，努力践行，做新时代的有为青年。

【环节四】一路逐梦，无愧青春

辅导员：从1919年到2019年，是中国青年一代又一代接续奋斗、凯歌前行的100年，是中国青年用青春之我创造青春之中国、青春之民族的100年。一批又一批有志青年投身于中国革命、建设、改革各个时期，为祖国建设贡献了自己的力量。

自排节目：自由报名，尽量选择前面未发言的学生，选取12名，两两一组，分别朗诵反映每个时期的标志性事件的作品，给5分钟的准备时间，通过朗诵使学生更加直观地感受百年的变化。主要朗诵材料如下。

材料一：1919年，愤怒的呐喊唤醒了东方沉睡的巨龙，沸腾的热血染红了民族复兴的征程，一尊五四青春的丰碑，挺起了所有中国人的脊背，誓死力争还我青岛，字字有力震撼心扉！

材料二：1937年，全面抗战爆发，苟利国家生死以，岂因祸福避趋之。这个时代的青年，英勇杀敌、视死如归，或为国难死，或断肢残腿，或屡建奇功，谱写了最悲壮感人的抗日传奇。

材料三：1949年，新中国成立，饱受屈辱的中国人民从此站起来了。这不仅是中国历史上光辉灿烂的大事，也是世界历史上浓墨重彩的一笔。“我要用所有的红色，绣出我日出喷薄的祖国，我要用大红大红的太阳，告诉世界，日出，东方，东方，蓬勃！

材料四：20世纪50时代的青年，有“我是革命的一块砖，哪里需要哪里搬”的革命修养和牺牲精神，长期基层磨炼让他们自带一种特殊年代的实干精神和勤勉态度。他们也是最了解中国国情和民情的一代人，对中华民族有最热烈和真挚的感情。

材料五：1978年，改革开放的春风吹遍中华大地，“实践是检验真理的唯一标准”，青年始终站在改革开放的前列，敢于冲破“左”的思想禁锢和传统观念的束缚，锐意进取，大胆开拓！

材料六：1997年，香港回归祖国，1999年澳门回归祖国，中国人民在完成祖国统一大业中又迈出了一步，社会的面貌发生了惊人的变化，人民的生活水平和质量得到了飞速提高，正以崭新的姿态迈入新的世纪！

材料七：2019年，新时代赋予青年新的使命，呼唤社会主义接班人新的作为。习近平总书记在十九大报告中深情寄语青年一代：“青年兴则国家兴，青年强则国家强。青年一代有理想、有本领、有担当，国家就有前途，民族就有希望。”我们这一代青年要把握新时代，牢记新使命，投身社会主义现代化强国建设，实现中华民族在新时代的伟大复兴，书写无愧于时代的人生篇章！

师生共同朗诵：五四精神，当薪火永传；中国青年，当自强不息。

3.总结升华

【环节五】总结

辅导员：一百年前，民族多灾多难，国家满目疮痍，人民饥寒交迫。如今国家繁荣昌盛，人民生活富足，是一代又一代人接续奋斗的结果。

中国青年已经坚持奋斗了一百年，成就斐然却也任重道远，还要坚持下一个百年、再下一个一百年……这一代人实现不了的目标，就要下一代去完成，这就是实现中国梦源源不竭的动力。

我相信通过今天的主题班会，大家更加深入地了解了五四运动和它所展现的精神，希望同学们继续将这种精神发扬光大，拥抱新时代、奋进新时代，让青春在为祖国、为人民、为民族、为人类的奉献中焕发出更加绚丽的光彩。

九、班会亮点

（1）主体性突出。各环节的设置充分发挥了学生的主动性和积极性，体现了知、情、意、行的过程，使学生学有所获。

（2）班会形式多样，包括观看视频、情景表演等，多方面呈现主题。

（3）鲜明的时代性。班会主题与时代同步，做到了与时俱进，富有时代内涵，有利于引起学生的共鸣，为他们的成长注入营养。

“自找苦吃”守初心　砥砺奋斗致青春

叶苗苗　安徽商贸职业技术学院

一、班会对象

大学一年级学生。

二、班会背景及目的

1. 班会背景

2019 年 8 月 12 日，由中共中央党校主办的《学习时报》刊载了《“习近平同志提倡年轻人要‘自找苦吃’”——习近平在厦门（十三）》的采访实录，厦门大学 1982 级校友张宏樑回忆了大学期间，时任厦门市委常委、副市长的习近平与他的书信往来，其中谈到习近平特别提倡年轻人要“自找苦吃”，表达了他对青年学生的深厚感情和殷切期望。同时，全国正在开展第二批“不忘初心、牢记使命”主题教育活动，习近平总书记提倡年轻人要“自找苦吃”，正是要培育青年学生的“吃苦”精神，掌“志存高远、行循自然”之舵，扬“脚踏实地、自找苦吃”之帆，成长为能担当民族复兴大任的时代新人。“吃苦”是大学生成为“社会人”的需要，是继承中华民族优秀传统的内在要求，也是培养全面发展的高素质人才的必然要求。

2. 班会目的

（1）在认知上，帮助学生正确理解习近平总书记提倡的“年轻人要‘自找苦吃’”的深刻内涵，树立守初心、担使命离不开“吃苦”精神的意识。

（2）在情感上，激发学生对最美奋斗者、身边榜样的崇敬之情，并展开自我剖析，发现自身不足，树立为实现中国梦而奋发向上、“自找苦吃”的决心与信心。

（3）在行为上，激励学生在实践中培养“吃苦”精神，砥砺自我、奉献自我。

三、班会重难点

1. 班会重点

（1）帮助学生正确理解习近平总书记所提倡的“年轻人要‘自找苦吃’”的内涵。

（2）激发学生树立“自找苦吃”的决心与意志。

（3）引导学生从榜样身上寻找大学生“自找苦吃”的正确路径。

2. 班会难点

（1）帮助学生从奋斗者身上领会习近平总书记所提倡的“年轻人要‘自找苦吃’”的内涵。

（2）引导激励学生将“自找苦吃”与初心的坚守、使命的担当紧密联系起来，以“吃苦”精神推动使命担当。

四、班会设计理念

结合大学一年级新生初入校门心怀青春梦想，但是思想上过于追求安逸生活，行为上出现种种怕“吃苦”的表现等问题，特召开此次班会。班会以学生个体吃苦经历为切入点，以最美奋斗者的精神为出发点，以朋辈榜样引领为落脚点，旨在帮助学生正确理解习近平总书记提倡的“年轻人要‘自找苦吃’”的深刻内涵，树立守初心、担使命离不开“吃苦”精神的意识，引导学生展开自我剖析，发现自身不足，树立为了实现中国梦而奋发向上、“自找苦吃”的决心与信心，激励学生在实践中培养“吃苦”精神，砥砺前进、奉献自我。

五、班会形式

采取视频展示、讨论等形式。

六、预期效果

（1）学生能够正确理解习近平总书记提倡的“年轻人要‘自找苦吃’的内涵。

（2）学生能够产生对最美奋斗者的敬佩，对榜样人物的向往，进而产生在实践中“自找苦吃”的决心与信心。

（3）学生能够对照榜样，开展自我剖析，发现自身不足，并能在实践中激励自己“自找苦吃”，砥砺前进、奉献自我。

七、班会准备

（1）围绕“‘自找苦吃’守初心　砥砺奋斗致青春”的班会主题搜集相关材料。

（2）提前做好班级“吃苦达人”评选的组织安排。

（3）准备好PPT、班会讲稿，布置好教室等。

八、过程设计

1. 导入主题

【环节一】以学生个体吃苦经历为切入点，吸引学生关注

请学生分享对于吃苦的看法与感悟。通过分享感悟，引发学生情感共鸣。一方面，使学生认识到，每个人的成长过程都不是一帆风顺的，都会经历磨难、挫折，吃苦是青年大学生成长的必修课。另一方面，进一步了解学生对吃苦的认知状况，为下一步引导打好基础。

【环节二】导入《学习时报》刊登的《“习近平同志提倡年轻人要‘自找苦吃’”——习近平在厦门（十三）》采访实录

2. 进入主题

【环节三】以最美奋斗者的精神为出发点，播放视频，引发学生思考

（1）播放《致敬最美奋斗者》公益广告。通过时代人物奋斗足迹的历史缩影，让学生深刻地感受奋斗者的伟大精神，认识到没有一代人的青春是容易的，一代人有一代人的使命，一代人有一代人的担当。

（2）组织学生讨论。请学生思考，在视频中有没有你熟悉的身影，他们的事迹给你最大的触动是什么？他们的身上凝聚着一种什么样的精神呢？

（3）引导学生领悟“年轻人要‘自找苦吃’”的深刻含义。习近平总书记提倡“年轻人要‘自找苦吃’”，是希望我们接过历史的接力棒，为了实现中国梦，勇于在实践中磨砺自己、奉献自己。大学生不仅能吃人生际遇中的苦，更要吃为中国人民谋幸福，为中华民族谋复兴的苦，吃这种苦才是最有意义的。

【环节四】以朋辈榜样引领为落脚点，探寻大学生“自找苦吃”、砥砺前行的途径

（1）播放国庆阅兵视频，进一步升华主题，激起学生为了实现中国

梦而奋发向上、“自找苦吃”的决心。

（2）讲述我校大学生榜样的故事，使大学生树立“自找苦吃，我能行”的自信心。

3. 总结升华

【环节五】总结提炼大学生“自找苦吃”的四重境界，激励学生前行

一是因坚定的理想信念而敢于吃苦；二是源于奋斗的意志、奉献的精神而乐于吃苦；三是与人民为伍，主动到祖国和人民最需要的地方去锻炼自己而善于吃苦；四是不忘吃苦，所以才能一直走在收获的路上。

【环节六】向班级“吃苦达人”学习

寻找身边的榜样，选出同学们心目中的“吃苦达人”，一方面使学生更直观认识到“自找苦吃”实践在当下，另一方面启发学生思考今后“自找苦吃”的发力点。

【环节七】寄语青年学生

引用习近平总书记的话与大家共勉，“青年时代，选择吃苦也就选择了收获，选择奉献也就选择了高尚”。愿在座的同学都能有“千淘万漉虽辛苦，吹尽狂沙始到金”的恒心，勇于在实践中“自找苦吃”，用奋斗浇灌出最美的青春之花。

九、班会亮点

（1）紧扣主题。先由“小我”切入“大我”，帮助学生由对“吃苦”意义的思想认同升华到对“自找苦吃”崇高境界的情感体验；又由“大我”切入“小我”，帮助学生由对身边大学生榜样“自找苦吃”的敬佩之情转向引领个人在具体实践中砥砺前行、奉献自我。班会整体设计贴近学生思想实际，由表及里，思想教育效果较好。

（2）时代性鲜明。一方面，标题中引用了《“习近平提倡年轻人要‘自找苦吃’”——习近平在厦门（十三）》的采访实录原话“自找苦

吃”的字样，契合当下的学习热点。

（3）目标明确、层次鲜明。本次班会从认知、情感、行为三个方面分层设置活动目标，努力贴近“立德树人”的德育目标，引领学生健康成长。

不忘初心　继续前进

于雪梅　阜阳师范大学

一、班会对象

大学三年级学生。

二、班会背景及目的

1. 班会背景

习近平总书记在全国高校思想政治工作会议上指出，要把“立德树人”作为高校思想政治工作的中心环节。用新时代中国特色社会主义思想铸魂育人，培养出能担当民族复兴大任的新时代青年人才，是每一位思政工作者的初心和使命。

2. 班会目的

（1）明确目标。带着大三学生找回“小我初心”，明确个人目标、鼓舞斗志，实现梦想。

（2）思想引领。引领学生将“小我”融入“大我”，将自己的初心、梦想与民族的复兴联系起来，用青春为中国梦的实现贡献自己的力量。

（3）付诸行动。鼓励学生用实际行动践行初心，知行合一。重拾梦想，脚踏实地，担负使命，不忘初心，继续前进。

三、班会重难点

1.班会重点

（1）领悟初心。引导学生思考，领悟坚守初心的重要性。

（2）重拾梦想。引导学生铭记初心，明确奋斗目标。

（3）实践初心。引导学生践行初心，落实到行动。

2.班会难点

（1）激发斗志。引导学生主动反思，改变现状，更加积极向上。

（2）思想引领。引导学生将“小我”融入“大我”，增强使命感与责任意识。

（3）转化行动。引导学生自觉行动起来，肩负起民族复兴的使命。

四、班会设计理念

铸魂育人守初心，立德树人担使命。以“不忘初心　继续前进”为主题，通过班会教育大学三年级学生要坚守初心，把自己的理想追求同国家民族的命运结合起来，扎根人民，奉献国家。并以此勉励大学三年级学生，铭记初心，明确目标，用实际行动践行初心，鼓舞斗志，继续前进。

五、班会形式

采取讲授、情境剧播放等形式。

六、预期效果

（1）学生高度参与班会，积极思考自己的人生，坚定继续奋斗的信念。

（2）唤起学生的热情，鼓舞学生的斗志，激励学生继续前进。

（3）学生在以后的学习、生活中能够积极行动起来，脚踏实地，践行初心，实现自己的人生理想，担当起新时代青年人的使命。

七、班会准备

（1）学习习近平总书记在全国高校思想政治工作会议上的讲话，以及习近平总书记在学校思想政治理论课教师座谈会上的讲话。

（2）构思主题班会流程，班会内容主要包括三个部分：探析初心的含义；回首过去铭记初心；探讨怎样践行初心，唱响梦想。针对三个部分，设计三个问题，引发学生思考。

（3）安排几名学生准备与班会主题相关的情景剧事宜，包括写剧本、表演、拍摄。

（4）根据班会内容，制作主题班会PPT。

八、过程设计

1.导入主题

【环节一】巧用疑问，引出主题

辅导员：同学们，时间过得真快，不知不觉大家已经是一名大三的学兄或者学姐了，走在校园里，你可能再也找不到令你感到兴奋的风景。也许你曾经迷茫过，也许你曾经低落过，那么现在你是否还记得自己的初心，你是否还记得来到大学你最初的梦想？今天我们的班会主题就是“不忘初心　继续前进”。

2.进入主题

【环节二】探析初心

辅导员：首先，我们一起探析初心。你认为初心是什么？带着这个问题我们一起来看一个情景剧，看一看一名大三学生，他现在的生活和他来到大学最初的梦想。

（播放学生自己拍摄的情景剧：一个大三男生在去图书馆的路上遇到了朋友。在朋友的劝说下，正准备放弃看书去打游戏，此时接到了妈妈的电话。妈妈提醒他，不要忘记大一的目标，要有始有终，坚持到底才能成功。他回首过去，想到了自己初来大学时候的意气风发、斗志昂扬，想到了自己的初心。他决定带着初心，继续努力，实现梦想，最终迈着坚定的步伐走向了图书馆。）

观看完情景剧，辅导员重申问题：同学们所理解的初心是什么。学生思考、讨论并回答。

【环节三】强化初心

辅导员拿出大一班会上曾经带领学生制作的心愿树：一张图片上画着一棵大树，每片树叶上面有学生亲笔写的自己的梦想。

辅导员提出第二个问题：回首过去，你来到大学的初心是什么，最初的梦想是什么？请学生在心愿树上找到并说出大一时候的梦想。

学生依次上台，找到自己的心愿树叶，并说出自己最初的梦想。

3.总结升华

【环节四】践行初心

学生回答后，辅导员继续提出问题：那么现在，你是如何践行初心的呢？你该怎样继续度过余下的大学时间呢？

学生思考、讨论并回答。

根据学生的回答，辅导员总结，升华主题班会的思想——青年兴则国家兴，青年强则国家强。大学生要把自己的初心和国家的命运结合起来，新时代的青年人要担当起国家富强、民族复兴的使命。

辅导员带领学生一起唱《最初的梦想》这首歌。在欢快的氛围中，辅导员作总结鼓励学生：最初的梦想紧握在手上，梦想的彼岸绝对会到达。只要我们不忘初心，继续前进，每一个人都将拥有美好的未来。为了最初的梦想，我们一起加油！

九、班会亮点

（1）辅导员引导学生思考、发言、表演、歌唱，提高了学生的参与度。

（2）班会形式新颖多样。学生参与情景剧表演，用歌曲唱响自己的梦想。表演与歌唱使得班会气氛欢快，学生融入其中，富于感染力。

（3）班会从学生的现实生活出发，提出问题，有利于引起学生共鸣，增强主题班会的教育引导作用。

守住专业使命　亮出中国声音

卜兴华　安徽大学

一、班会对象

大学一年级外国语言类专业新生。

二、班会背景及目的

1. 班会背景

“讲好中国故事，传播好中国声音”是时代呼唤的命题、历史赋予的任务。当代大学生作为社会主义建设者和接班人，肩负着实现中华民族伟大复兴的神圣使命。对于外国语言类专业大学生而言，“讲好中国故事，传播好中国声音”亦是他们的专业使命。本次班会旨在激发学生的专业使命感，为提升我国文化软实力、助力文化“走出去”作贡献。

2. 班会目的

激发学生使命感，树立明确的成才目标，促使学生从当下开始努力行动。

三、班会重难点

1. 班会重点

（1）帮助学生树立明确的发展目标。

（2）激发学生成才的积极性和主动性。

2. 班会难点

（1）激发学生专业使命感。

（2）引导学生树立明确的成才目标。

四、班会形式

采取视频播放、案例分析等形式。

五、班会设计理念

当今世界不仅是经济全球化的世界，更是文化全球化的世界，文化对提升国家竞争力、增强国家影响力、改善国家的国际形象有着十分重要的作用。讲好中国故事，传播好中国声音，展示真实、立体、全面的中国，是加强我国国际传播能力建设的重要任务。

我国高等教育肩负着培养德智体美劳全面发展的社会主义事业建设者和接班人的重大任务，必须坚持正确政治方向。习近平总书记在全国高校思想政治工作会议上指出，高校立身之本在于立德树人，要坚持把立德树人作为中心环节。

大学一年级新生已入校半年，对大学的新鲜感慢慢褪去，随之而来的是迷茫和空虚，而大学时光十分宝贵，辅导员要及时帮助学生调整状态，明确奋斗目标，激发学生的学习动力。

专业使命感教育是我院新生启航工程系列主题班会的重要一环，大学生只有意识到社会赋予的责任，才能把自己的前途命运与国家的前途命运紧紧联系在一起。

六、预期效果

（1）通过引导，帮助学生明确专业使命，培养社会责任感，提高成长成才的思想意识。

（2）通过树立榜样和绘制成长思维树，引导学生从当下一点一滴开始努力，并投身到实际行动中去，在实践中提高认识、履行承诺。

（3）通过班会，帮助学生调整状态，树立清晰目标，并正确认识时代责任和专业使命，将个人抱负与国家命运结合起来，点亮理想的灯，照亮前行的路，将中国梦落实到当下实际行动中。

七、班会准备

（1）基于班会主题开展调研，深入了解学生的心理状态和实际需求。

（2）有针对性地准备相关素材，如典型案例、视频采访等，初步确定班会方案。

（3）制作班会PPT，布置场地，安排人员，准备道具，做好班会的通知与宣传工作。

八、过程设计

班会主要分为三部分。第一部分为“motive”（激发）。通过视频采访、典型案例，让学生觉察到外国语言类专业学生肩负着对外传播中国文化的责任。第二部分为“move”（行动）。通过假期作业——寻访优秀校友的分享活动，帮助学生了解对外文化交流和传播工作。在“成长思维树”活动中，鼓励学生从当下开始坚持努力。第三部分为“mission”（使命）。倡议成立“文化传播小分队”，旨在建立长效机制，使学生在实践中践行自己的专业使命。

1. 导入主题

【环节一】提出问题，引出话题

辅导员提出问题，让学生用一个词来形容现在的状态。学生反思现状，回答问题。通过提问的方式，让学生说出自己的问题和困惑。

2. 进入主题

【环节二】观看视频，了解现状

播放视频（外国人熟知的中国符号，中国留学生遇到的奇葩问题），引导学生思考外国人对中国文化认知存在的问题，并了解中国文化对外传播现状，让学生初步意识到外国人对中国的了解不够深入，存在误解。

【环节三】案例分析，启发思考

通过美国哥伦比亚大学发生针对中国留学生的“撕名牌”事件，让学生分析、反思，引导学生认识到对外传播中国文化的必要性，从而自觉承担对外传播中国文化的重任。

【环节四】回答问题，作出承诺

请学生们回答问题：你能为中国文化对外传播做些什么？

在学生所作回答的基础上，帮助学生作出积极推进中国文化宣传的承诺。

【环节五】假期作业分享

通过分享优秀校友采访视频，为学生树立学习榜样。

【环节六】学生活动：绘制成长思维树

组织学生以小组为单位绘制成长思维树，并分组分享交流。

3. 总结升华

【环节七】总结

回顾班会内容，坚定信念，告诉学生，要脚踏实地，为中国文化的对外传播而努力。

【环节八】活动倡议

班会结束后，请学生组建文化传播小分队，定期将反映中国文化的故事、新闻等编辑成外文信息发布到学校官方微博或微信公众号上。通过组建文化传播小分队，建立长效机制，在让学生得到锻炼的同时，可以更好地传播中国文化。

九、班会亮点

（1）主题鲜明。班会具有鲜明的专业特色。

（2）形式活泼。班会活动形式丰富多样，内容贴近大学生的生活和学习实际。

（3）主体性突出。重视学生的主体地位与参与度，从与学生密切相关的学习生活问题入手，探讨分析，提高学生的思辨能力。

（4）措施得当。建立了长效机制，既锻炼学生的专业能力，也可以帮助学生践行专业使命。

我拿什么做“时代新人”

——新时代、新担当、新作为主题班会

周贤超　安徽农业大学

一、班会对象

大学一年级学生。

二、班会背景及目的

1.班会背景

我们正处在一个新时代。这个新时代是中华民族实现伟大复兴的伟大时代，也是青年大学生“生逢其时”可以奋发有为，承担起历史赋予的光荣使命的最佳时代。而能否把握时代机遇，给我们这个国家和民族交出满意的答卷，从根本上取决于我们当代大学生是否能够认识到自己的历史责任，树立起强烈的时代担当精神。高校的根本任务是立德树人、以文化人。如何培养担当民族复兴大任的时代新人，是新时代高校必须认真思考和深入研究的重大课题。

2.班会目的

（1）感悟革命先烈崇高精神和使命担当，提升大学生思想道德水平。

（2）教育和引导当代大学生深刻理解时代新人的含义和特征，加强

爱国主义教育，增强当代大学生的责任感和使命感。

（3）鼓励大学生以切实的行动，争做时代新人，为国家、为社会作出应有贡献。

三、班会重难点

1. 班会重点

引导学生准确把握时代新人的含义和特征。

2. 班会难点

引导学生树立正确的责任感和使命感，真正将时代新人的要求和大学四年的奋斗结合起来。

四、班会设计理念

班会以歌曲《我和我的祖国》导入，引领学生进入主题；后播放国庆阅兵视频，引起学生对祖国今日辉煌取得原因的思考；接着以小组讨论的形式，引导学生主动思考时代新人应具备怎样的品质，并用榜样的事例，激发学生为社会主义现代化建设贡献力量的热情，积极承担起时代赋予的责任与使命。

五、班会形式

采取交流讨论、小组活动等形式。

六、预期效果

（1）帮助当代大学生明确自身的责任感和使命感，明确作担当民族复兴大任的时代新人，靠的就是在平凡的岗位上作出不平凡的贡献。

（2）引导学生坚定理想信念，努力学习、增长才干，大学期间拼搏奋进，在新时代的大海中扬帆远航！

七、班会准备

（1）准备国庆阅兵、《榜样4》《我们都是追梦人》等相关视频片段。

（2）提前将参加班会的学生分为三个小组，并选出小组长，以便在班会进行时，组织小组成员进行讨论。

（3）对可能存在的问题做好预案。例如，处理问题讨论过程中产生的各种分歧、活跃班会现场气氛等。

八、过程设计

1.导入主题

【环节一】以歌曲《我和我的祖国》导入，引领学生进入主题

辅导员：（唱）“我和我的祖国，一刻也不能分割，无论我走到哪里，都留下一首赞歌……”同学们，知道这是什么歌吗？

（学生回答略）

辅导员：2019年要说什么歌最火，非这首歌莫属。不管是大街小巷还是田野地头，都可以听到这首歌。动听的旋律、朴实的歌词，唱出了我们对祖国的热爱之情。我们热烈庆祝新中国70华诞，并在天安门广场举行了盛大的阅兵仪式，彰显了国威军威。在国庆阅兵的过程当中，有一幕让我非常为之震撼、为之动容，那就是我们先烈的后代高高举起先烈照片经过天安门广场的时候。接下来，让我们一起重温这个片段。

【环节二】播放国庆阅兵视频，与学生产生情感共鸣

辅导员：不知道大家看完这个片段后有什么感受呢？

（学生回答略）

辅导员：大家说得非常好！习近平总书记在庆祝中华人民共和国成

立70周年招待会上说：“70年在人类历史长河中只是弹指一挥间，但对中国人民和中华民族来讲，这是沧桑巨变、换了人间的70年。中华民族迎来了从站起来、富起来到强起来的伟大飞跃，迎来了实现伟大复兴的光明前景。”可这丰功伟绩，不是等来的、喊来的，而是靠一代又一代中华儿女勠力同心、奋斗拼搏出来的！在革命战争年代，先辈们坚定着民族独立、人民解放的信仰，不怕流血牺牲，不惧马革裹尸，他们高喊着胜利的口号，一个倒下一个又站起来，前仆后继，最终赢得了民族的独立。在社会主义革命和建设时期，他们坚定着国家富强、人民富裕的信念，舍小我为大我、舍小家为大家，将自己的一切奉献给祖国和人民。他们，撑起了他们所处的时代；他们，挺起了中华民族的脊梁！他们是那段峥嵘岁月中最耀眼的光、最明亮的星。

2.进入主题

【环节三】小组讨论，给时代新人贴上“标签”

辅导员：虽然现在不是战争年代，也不是艰苦的建设时期，但是一个时代有一个时代的主题，一代人有一代人的使命。随着中国特色社会主义进入新时代，我们也有了新的历史使命，那就是奋力实现“两个一百年”奋斗目标，为实现中华民族的伟大复兴贡献力量。

习近平总书记殷切希望青年一代要努力成为担当民族复兴大任的时代新人，在接力跑中跑出好成绩！时代新人，一个新的称谓，更是一个新的要求！那么，同学们，什么样的人才可以称为时代新人呢？先让我们一起来看一段视频。

（师生一起观看《榜样4》中黄文秀的事迹）

辅导员：习近平总书记指出，黄文秀同志研究生毕业后，放弃大城市的工作机会，毅然回到家乡，在脱贫攻坚第一线倾情投入、奉献自我，用美好青春诠释了共产党人的初心使命，谱写了新时代的青春之歌。广大党员干部和青年同志要以黄文秀同志为榜样，不忘初心、牢记使命，勇于担当、甘于奉献，在新时代的长征路上作出新的更大贡献。

我想请大家结合自身实际，分组讨论一下，时代新人的身上都有哪些突出特点?

(学生小组讨论并分享结果)

辅导员：大家说得都很不错。结合你们的思考，我们来给时代新人贴上特征“标签”。作为一名时代新人，要有理想，要真爱国，要会实干，要有本领，要乐于奉献，要勇于奋斗。除此之外，我觉得还要再加上一个创新。创新是一个国家兴旺发达的不竭动力，也是一个人不断进步的源泉。

我们刚刚一起完成了时代新人的特征界定，但是，我们如何做才能成为时代新人呢？伟大出自平凡，平凡造就伟大，时代新人其实就是你我每一个普通人，我们在平凡的岗位上做的每一件事，都可以说是不平凡的，你我都是追梦人！

【环节四】师生一起观看视频《我们都是追梦人》

辅导员：正是这样一群群普普通通的人，如光、如火一般，才让祖国大地充满力量。除了他们，还有我们的解放军战士，为了万家灯火，毅然负重前行；还有人民教师，为了教育强国，一生坚守三尺讲台；还有白衣天使，为了你我健康，每天高强度高负荷工作；等等。涓涓细流终汇成江河湖海，你我就如同夜空中的星星一般，正是因为我们的存在，夜空才会如此璀璨。

3.总结升华

【环节五】集体讨论，争做时代新人

辅导员：同学们，习近平总书记说，青年一代有理想、有本领、有担当，国家就有前途，民族就有希望。作为刚刚步入大学校门的你们，对大学生活充满了憧憬和期待，大家都想在大学生活中有所收获、有所成长。那么，如果给你们一个填空题，我拿______做“新人”，你会填上什么进去呢?

学生交流讨论并填空。

辅导员：同学们，大家说得很好。我希望大家都可以立鸿鹄志，做一个爱国者，把爱国放在心中，但更要落实在具体行动上；我希望大家都可以怀平常心，做一个奉献者，赠人玫瑰，手有余香；我希望大家既可以做得大事，也可以嚼得草根，做一个奋斗者，从小事做起、从身边事做起。

最后，在你们的桌上还有一张白纸，我想请大家将自己大学四年的奋斗目标郑重地写下来。

学生交流讨论，写下各自的奋斗目标。

辅导员：现在我想请大家将这张白纸粘贴在你宿舍中最为显眼的地方，看见自己的奋斗目标，就会有无穷的动力。

同学们，志之所趋，无远弗届，穷山距海，不能限也。希望大家都要坚定信念、努力学习、增长才干，努力成为可以担当中华民族伟大复兴重任的时代新人，为祖国建设贡献自己的力量，在新时代的大海中扬帆远航！

九、班会亮点

（1）主体性突出。重视学生的主体地位与参与度，从与学生密切相关的学习生活问题入手，探讨分析，提高学生的思辨能力。

（2）班会素材运用合理。班会素材源于现实生活，能够引起学生的共鸣。

（3）运用现代多媒体技术，增强了班会效果。

我和2035有个约

陈 伟 安徽医科大学

一、班会对象

大学四年级预防医学专业学生。

二、班会背景及目的

1.班会背景

“不忘初心、牢记使命”主题教育开展后，以习近平同志为核心的党中央高度重视青年群体工作，通过与各界优秀青年代表开展座谈交流，深入多所高校实地走访畅谈青年培养工作，在重大青年节日看望慰问青年学生，给高校师生回信表达对青年成长成才的期望等方式，对话青年、关注青年、关心青年、寄望青年，要求始终把青年工作作为党之大计、国之大计抓牢抓实抓好。

2.班会目的

（1）使学生了解2035年中国将基本实现社会主义现代化，引导学生正确解读中国梦、着力构筑中国梦、奋力追逐中国梦。

（2）通过分享时代楷模黄大年的事迹和公共卫生领域领军人物侯云

德的故事，让学生感受榜样的力量，凝聚前行的动力。

（3）引导学生将梦想与职业生涯规划有机结合，付诸实际行动。

三、班会重难点

1. 班会重点

引导学生理解青年一代在实现中国梦的过程中所承担的使命。

2. 班会难点

讲好中国梦的实现与青年之间的关系，既要有理论高度，又要接地气有温度，让学生信服。

四、班会设计理念

以时代楷模黄大年、国家最高科学技术奖获得者侯云德的事迹为例，引导大学生树立远大理想，敢于有梦，勇于追梦，将追梦过程落实到职业规划中。用身边优秀同学的事例，鼓励学生落实行动，勤于圆梦。

践行生本教育理念。在生本教育理念下，学生是整个主题班会的中心人物，本次班会让学生在积极参与的过程中进行自我教育，主动提升自我，从而有所建树。

五、班会形式

采取主题讨论、讲授等形式。

六、预期效果

（1）引导大学生了解国家发展趋势，深入领会中国梦，教育大学生敢于有梦，并不断检视梦想是否符合时代主流，树立远大理想。

（2）引导大学生认识到，作为青年对国家每个阶段的梦想都肩负光荣使命。

（3）引导大学生主动思考，结合所学专业，自觉规划职业生涯，将梦想付诸实际行动。

七、班会准备

（1）搜集相关图片、案例，准备相关道具，如信纸、信封。

（2）制作PPT，利用多媒体教室开展班会活动，同时安排专人拍摄视频。

（3）准备相关的提问，在班会适当阶段，对学生进行提问，提升学生参与班会的积极性，引导学生主动思考。

八、过程设计

1.导入主题

【环节一】畅想2035

播放歌曲《我和2035有个约》，伴随着轻快的旋律和优美的歌词，鼓励在场学生一起畅想2035年国家、社会、家庭的新面貌。

2.进入主题

【环节二】提出问题，引起讨论

向学生提出以下几个问题：2035年对大家来说有什么意义，青年和2035年有何关系，描绘你想象中的2035年。

通过此环节引导学生了解2035年国家要实现的阶段性目标，了解中国梦的内涵，并对自己的青年身份以及青年使命与担当进行思考，明确自己的责任。

【环节三】圆梦2035，坚定梦想

这一环节主要讲述时代楷模黄大年的事迹。2017年1月8日，地球物理学家黄大年终于停下了追赶，胆管癌手术后的并发症将他的生命定格在58岁。

自回国以来，这位“千人计划”科学家一直在“向前冲”。他那位于吉林大学地质宫507室的办公室墙上贴着12张A4纸拼成的日程表，几乎每个格子都满了。睡觉的时间可以省，他习惯搭乘当天最晚一次航班，也总爱在后半夜回来。无论寒暑，507室的灯总是直到深夜还亮着。他办公室的柜子里塞着一床花被子，太晚了就在沙发上睡一会儿。吃饭的时间可以省。他舍不得放下工作去食堂，总是请学生帮忙带一个楼下面包房6块钱的菠萝面包或是两个烤苞米。蒸苞米他也喜欢，可上面滴下的水会影响他操作电脑，只能割爱。他甚至连住院的时间也要利用。照顾他的护士长记得，黄教授的病房总是很热闹，师友学生来探望，最后往往会变成一两个小时的科研探讨。身边的人担心他的身体，常劝他，但这位大科学家又有些“狡黠”，他总是“态度特好，积极承认错误，可就是不改”。

吉林大学地球探测科学与技术学院教授于平说：“他着急啊，想做的事太多了……他的心里有一张更大的时间表，不仅涉及一个学科的发展，还有整个科研事业和国家的未来。”

黄大年生前率领的团队，以更加团结奋进的精神状态，全力以赴继续着他未竟的事业。通过黄大年的案例，引导在座大学生不但要怀揣梦想，还要检视自己的梦想是否符合时代要求，是否能融入中国梦中。

【环节四】圆梦2035，坚守初心

这一环节主要介绍2017年度国家最高科学技术奖获得者之一侯云德院士的故事。侯云德1929年生于常州，小时候半工半读，养过鸡摆过摊，成绩优异。1958—1962年，他在苏联医学科学院伊凡诺夫斯基病毒学研究所攻读副博士学位。一到所里，侯云德就遇上“大事”，动物房小白鼠大量死亡，专家束手无策。他决心找出“真凶”。通过仔细调查和反复试验，侯云德判断“罪魁祸首”是仙台病毒。采纳他“清理动物房所有动物，彻底消毒环境，切断传播链”的建议后，实验室恢复运转。

2008年，79岁的侯云德被任命为“艾滋病和病毒性肝炎等重大传染病防治”科技重大专项技术总师，他领导全体专家组，顶层设计了我国降低“三病两率”和应对重大突发疫情的传染病预防控制的总体科技规划。

2009年，全球突发甲流疫情，我国87天率先研发出甲流疫苗；2013年，我国在全球首次确认并成功应对人感染的H7N9禽流感疫情，4天内成功分离并锁定病毒；2014年，西非埃博拉疫情掠去数以万计生命，我国派出传染病防控队伍前往塞拉利昂，确保零感染零输入，实现传染病防控的关口前移。

跟病毒搏击了一辈子，侯云德从不懈怠。2017年在人民大会堂站上了我国科学技术界的最高领奖台。

引用侯云德的案例，鼓励大学生不仅要有理想，还要把它融入职业理想和职业规划当中，顺应“健康中国”对当代大学生提出的时代新要求。

【环节五】圆梦2035，坚守行动

这一环节用身边事教育身边人。列举学校一批优秀学子的先进事迹，鼓励学生向身边优秀的人看齐，向榜样学习，脚踏实地把梦想和初心融入以后的生活、学习和工作中，做好职业生涯规划。

我校第二临床医学院2016级临床5+3专业本科生曹凡，以第一作者在国际权威期刊发表自己的科研论文。辅导员引导学生学习曹凡对科研的执着和坚守精神。2017级解剖学专业研究生瞿良华，热心救助摔倒老人，不仅陪老人到医院治疗，还帮忙垫付医药费。辅导员引导学生学习瞿良华的善良。2016级食品质量与安全专业退伍学生崔忠伟，应征入伍满两年后光荣回到母校，努力投身志愿服务，带领“三下乡”团队奔赴庐江县做义诊，助力“健康中国”，荣获优秀社会实践个人和2018年十佳本科生称号。辅导员引导学生学习崔忠伟勇于实践和敢于探索的精神。

3.总结升华

【环节六】致信2035

带领学生动手给2035年的自己写封信。此环节再次引导学生树立远大理想，给自己制造一场邂逅未来的“旅行”。

九、班会亮点

（1）以春晚歌曲为切入点引出话题，拉近与大学生的距离，迅速引起大学生的兴趣，以“小切口”开始班会，接地气，又有温度。

（2）以时代楷模黄大年的故事为例，符合当前“不忘初心、牢记使命”主题教育活动要求，有理论高度，更能有效向大学生灌输育人理念。用业内领军人物侯云德的故事感染大学生，增强大学生的专业认同，使其能积极向身边的榜样学习，成为新时代优秀大学生。

（3）以身边人身边事为例，号召大学生学习优秀争当优秀，更有说服力，借“小切口”言明大道理。

同心筑梦新时代　奋勇担当致青春

张　慧　安徽工业大学

一、班会对象

大学全体在校生。

二、班会背景及目的

1.班会背景

习近平总书记指出："实现中华民族伟大复兴的中国梦，需要一代又一代有志青年接续奋斗。"一代人有一代人的使命，一代人有一代人的担当，迈入新时代的中国开始谱写新篇章，也给广大青年提供了施展抱负、尽展风采的广阔天地。青年是祖国建设的生产力，重任在肩。站在新起点上，青年更应勇立潮头，为实现中国梦而努力奋斗。

2019年是五四运动100周年，又恰逢新中国70华诞，在这个历史的交汇点上，更需要加强大学生的使命感与担当教育，引导大学生明确新时代青年的使命责任，用奋斗担当致敬青春，助力实现民族伟大复兴的梦想。

2. 班会目的

（1）通过班会让学生明晰历史，知道中国梦是历史的、现实的，也是未来的；是国家的、民族的，也是每一个中国人的，更是青年一代的。

（2）引导学生正确认识自己所肩负的时代责任和历史使命，用中国梦激扬青春梦，把个人的理想与追求融入国家和民族的事业中，敢于有梦，勇于追梦，勤于圆梦，勇担历史使命，和祖国同前进、共成长。

三、班会重难点

1. 班会重点

针对当前一些学生上课睡觉、下课玩游戏、不爱学习、缺乏责任担当的现象，以具体的事例激发他们的梦想与奋斗激情，引导他们全身心地投入共筑中国梦的洪流中，以实际行动承担时代使命。

2. 班会难点

摆脱说教的模式，以多样化的班会表现形式来引发学生思考，使主题教育内容内化于心，外化于行。

四、班会设计理念

以时间为轴，通过三部分，由大及小，从历史、现实、未来三个角度阐释“中国梦”“勇担当”“新时代”。第一部分讲清楚中国梦的由来，通过回顾历史，指出中国梦是每一个中国人，每一代中国青年最热切的梦想。第二部分用两种类型的大学生比较，帮助大学生明确时代责任，树立青年担当。第三部分把中国梦、新时代、新青年结合起来，引导学生敢于奋斗担当，书写人生新篇章。

五、班会形式

采取讨论、集体活动等形式。

六、预期效果

（1）学生从班会中受到巨大的震撼，认识到今天的幸福生活来之不易，需要倍加珍惜，更加努力地过好大学生活，努力学习，练好本领，不负韶华，奋勇担当。

（2）鼓舞全班同学的志气，使其全力以赴，迎接未来的挑战。

七、班会准备

（1）深入教室、学生宿舍开展调研，并召开班级干部会议，了解学生思想状态，发现学生中存在缺乏责任担当的现象，同时结合班级学生中存在的实际问题，确定班会主题。

（2）搜集相关材料，编写班会的初步方案。

（3）进一步确定活动方案的可实施性、可操作性，完善不合理的地方，尽量增加方案的针对性、实效性。

（4）做好班会的通知宣传工作，写好班会策划，定好会议地点，安排好会场布置和会议记录人员。

八、过程设计

1. 导入主题

【环节一】提出问题，启发思考

展示一幅时间轴，让学生明确2019年的时间位置，和学生一起得出

2019年是五四运动100周年、新中国成立70周年的重要节点，并引导学生思考：在这样的时间点，大学生要怎样与时代同行，用什么来致敬青春？从而引出本次班会的主题：“同心筑梦新时代　奋勇担当致青春”。

2. 进入主题

【环节二】复兴梦，中国梦

首先，从时间轴的前段部分开始回顾历史，着重突出1840年、1919年、1949年几个时间点，帮助学生理解近代以来，中国梦的历史演变过程。

其次，引入《我和我的祖国》电影中的“相遇”篇，通过学生分享故事中让他最为感动的地方，引发学生思考：像男主角这样的共和国建设者的梦想是什么？（强国梦）

最后，回到2012—2019年的时间轴，引导学生思考，在这个新时代，我们比历史上任何时期都更接近中华民族伟大复兴的目标，比历史上任何时期都更有信心、有能力实现这个目标。那么，青年人能为实现中华民族伟大复兴的中国梦做些什么？

【环节三】致青春，勇担当

以黄文秀（视频呈现）和2019年“最美大学生”李二阳（图片展示）为例，让学生了解两位先进典型身上所具有的强烈责任感与担当意识，再对比当下大学生上课睡觉、赖在宿舍玩游戏等懒散的生活状态（图片展示），引导学生树立反思意识和规划意识。

辅导员：大学生颓废迷茫的表现实际上反映了他们目标缺失、责任感缺乏。对于当代大学生来说，一百年前的山河破碎、颠沛流离似乎只留存在历史的记忆中，如果大家安于现状，“躲进小楼成一统”，是成不了大事的。

辅导员在总结之后，讲解家与国的关系，促使学生进一步思考青年人应该承担什么样的责任？（青年人需要承担个人的、家庭的还有社会的责任）号召青年人要有家国情怀，要勇敢地承担起责任，让中国梦成为青春的注脚（这就是青年人实现梦想的方式，致青春，勇担当）。

【环节四】新时代、共梦想

辅导员让学生为身边有责任感有担当精神的人“打call”。学生分享学长、父亲、宿管阿姨的事例。通过身边不同的事例，让学生理解，在不同的岗位上，在不同的环境下做好一点一滴的小事也是一种践行梦想的方式。然后在此基础上，让学生联系自身实际，谈谈准备如何实现梦想。

再次回到时间轴，并把时间轴定格到2020年、2035年和2050年，让学生站在新的历史方位上“眺望”这三个时期国家的目标，使他们认识到，作为新时代青年，他们将经历并见证国家实现目标的过程，更应该在这样的时代坐标上谋划人生、创造历史。

3.总结升华

【环节五】集体活动

学生以“致青春，我的梦想”为主题写一句话，并贴在中国地图上，理解“小我”与“大我”的关系，明白正是千千万万小小的我，才铸就了伟大的中国。只要青年人敢于有梦，勇于追梦，勤于圆梦，就一定能汇聚成实现中国梦的强大力量。

【环节六】寄语青年学生

引入习近平总书记的话作为总结内容：一代人有一代人的长征，一代人有一代人的担当。青年一代有理想、有担当，国家就有前途，民族就有希望。

在班会的最后，让学生集体朗诵“你所站立的地方，正是你的中国；你怎么样，中国便怎么样；你是什么，中国便是什么；你有光明，中国便不黑暗”，以此达到情感的共鸣，呼应此次班会的主题，让学生正确认识个人发展与国家发展的关系，把握新时代赋予的机遇和使命，承担起实现中华民族伟大复兴中国梦的责任。

九、班会亮点

（1）主题鲜明突出，具有针对性。借助时间轴，让学生深刻理解中华民族从站起来、富起来到强起来的伟大飞跃，进一步增强对中国特色社会主义的道路自信、理论自信、制度自信和文化自信，进一步树立爱国、爱党、爱社会主义的信心和决心，争做担当民族复兴大任的时代新人，把个人的前途与国家的命运结合起来，把个人梦融入中国梦之中。

（2）班会形式灵活多样，具有强大的感染力。以为祖国发展作出卓越贡献的科学家以及大学生先进典型的事迹，一步步启发学生思考应该如何做才能不负青春、担当使命，投身于同心筑梦的新时代。

做有担当的新时代大学生

程 岑 淮南联合大学

一、班会对象

班级入党积极分子。

二、班会背景及目的

1. 班会背景

习近平总书记在同各界优秀青年代表座谈时提出："历史和现实都告诉我们，青年一代有理想、有担当，国家就有前途，民族就有希望，实现我们的发展目标就有源源不断的强大力量。"大学生作为社会中学习和掌握着专门理论和实际技能的群体，肩负更多的社会责任和公众期望，是未来中国社会的中坚力量和责任担当者。培养大学生的责任感和担当精神已经成为高校教育中一个紧迫而又重要的课题。

2. 班会目的

（1）通过班会，让同学们认清新时代青年的使命和担当，坚定理想信念，肩负起国家富强和民族振兴的历史重任，增强社会责任感。

（2）引导学生合理规划自己的大学生活，树立正确的奋斗目标。

三、班会重难点

1. 班会重点

让学生深刻领悟新时代青年的担当和使命。

2. 班会难点

加强当代大学生责任意识教育，引导他们在平时学习生活中做到勇于担当、努力奋斗。

四、班会设计理念

本次班会旨在通过多种有意义的活动形式让班级中的入党积极分子感受到新生活来之不易，是无数先辈勇于担当、无私奉献和牺牲才换来的；理解新时代青年的担当使命，在平时学习生活中要勇于担当责任，不怕困难、努力进取，做德智体美劳全面发展的社会主义建设者和接班人。

五、班会形式

采取讲授等形式。

六、预期效果

（1）引导学生坚定理想信念，牢固树立中国特色社会主义共同理想，自觉弘扬爱国主义、集体主义、社会主义思想。

（2）鼓励学生练就过硬本领，努力学习知识、增强素质，成为勤于学习、勇于担当、甘于奉献的栋梁之材。

七、班会准备

（1）布置黑板，摆放座位，营造轻松舒适的班会环境。

（2）搜集相关图片、新闻、案例，准备道具。

（3）制作PPT，准备多媒体器材，安排专人拍摄视频。

（4）对可能存在的问题做好预案，例如问题讨论过程中可能产生的各种答案，调动班会现场的气氛等。

八、过程设计

1.导入主题

【环节一】宣布班会主题：做有担当的新时代大学生

辅导员：提出问题——何为担当？当代大学生如何担当责任？

通过思考开启本次主题班会，让学生带着问题认真听课，为后续学生发言做好铺垫。

【环节二】学生齐唱红歌《没有共产党就没有新中国》

歌曲让学生深刻感受到：艰难困苦，玉汝于成。中国共产党一经成立，就义无反顾肩负起实现中华民族伟大复兴和为人民谋幸福的历史使命。从抗战时期到解放战争时期到社会主义建设时期，一代代共产党人抛头颅洒热血，如果没有他们的担当作为就没有我们现在的新生活。

2.进入主题

【环节三】分享革命先辈的事迹

焦裕禄同志的事迹：1946年他加入中国共产党，1962年调到河南省兰考县担任县委书记。任职期间一心为民、心中无我，他用双脚丈量了兰考的每一寸土地，带领干部群众征服沙丘，治理洪水，开辟绿田。1964年春天，焦裕禄的肝病恶化，病魔无情地折磨着他，但从未阻止他忘我地工作。他顶风冒雨下乡考察、了解灾情。焦裕禄暗中忍受了多大痛苦，连他的亲人也不清楚。1964年5月14日，焦裕禄同志不幸逝世。那一年，他才42岁。

在生命的最后时刻，他对中共河南省委和开封地委两个上级党组织说的最后一句话是：我没有完成党交给我的任务。他用自己的实际行动，铸就了亲民爱民、艰苦奋斗、科学求实、迎难而上、无私奉献的焦裕禄精神。他为兰考人民的幸福作出了应有的担当。

郑学书老先生的事迹：他是安徽临泉人，1947年参军入伍，参与过淮海战役、渡江战役、解放大西南和进军西藏，走遍祖国大半河山。他将生死置之度外，深入敌人的腹地，传递重要的信息，至今他的额头还留着炮弹崩过的伤痕。

辅导员：正是因为有他们敢作敢为、不怕牺牲、勇于奉献的担当精神，才有了我们现在的新生活。那我们该如何做一个有担当意识的新时代大学生呢？

（学生回答略）

【环节四】引入习近平总书记在五四运动100周年大会上的讲话鼓舞学生

习近平总书记在纪念五四运动100周年大会上的讲话中指出，新时代中国青年要珍惜这个时代、担负时代使命，在担当中历练，在尽责中成长，让青春在新时代改革开放的广阔天地中绽放，让人生在实现中国梦的奋进追逐中展现出勇敢奔跑的英姿，努力成为德智体美劳全面发展的社会主义建设者和接班人！

【环节五】列举当代中国青年勇于担当的事例

广西融安县，这里有一群朝气蓬勃的“90后”用青春和汗水，为贫困山区注入了新的活力。26岁的扶贫信息员卢荣平，2015年大学毕业后选择参军，2017年退伍后回到家乡参加脱贫攻坚工作。19岁的护士廖甜甜，2019年8月从卫校毕业后到乡村卫生院工作，2000年8月出生的她目前是卫生院唯一的“00后”。21岁的幼儿园老师杨枚柳，她29岁的男友杨志县在融安县板榄镇卫生院工作已有7年。杨枚柳2019年毕业后选择到男朋友工作的贫困山区工作，希望可以为贫困地区的教育事业贡献一份力量。这些年轻人成为脱贫攻坚的突击队和生力军。他们放弃城里优越的生活，为了贫困山区的脱贫勇于承担社会责任。

【环节六】列举新时代大学生中的担当模范

播放清华大学学生林万东的视频：林万东以713分考入清华大学，家里有姐弟三人，父亲因病不能干重体力劳动，全家的经济来源都靠母亲在昆明的一家工地搬砖背沙。姐姐在上大学，弟弟还在念高一。高考结束后，林万东去工地陪母亲一起打工，他在日记中曾写下："唯有自强不息，我们才会有日后的无限可能。"林万东同学用自己的实际行动担负起了对自己和对家庭的那份责任。

讲述我校2015级酒店管理专业的陈坤坤的事迹：陈坤坤获得过"见义勇为""淮南市好人好事"等荣誉。2016年1月，一名女子落入湖中苦苦挣扎，他看到后不顾自己的生命安危，毫不犹豫地跳入冰冷的湖中奋力将落水女子救上岸，当他上岸时全身湿透，冻得上下牙只打战，手机进水了无法开启。但他毫不在乎，笑着说："生命才是最重要的。"在生死悬于一线时，他敢于直面危险选择跳水救人，体现了新时代大学生的担当精神。

3.总结升华

【环节七】总结

请学生代表对新时代大学生该如何担当发表感想。

（1）辅导员：所谓担当就是担起责任，小到个人大到国家，只有敢于担当才能勇于克服困难，努力奋斗，勇往直前。大学生要从小事做起，从身边的事做起，做一个有担当的人。

（2）全体学生朗诵《沁园春·长沙》，念完后齐声宣誓：我们不忘初心，牢记使命；我们砥砺奋进，继续前行；让我们用青春点燃梦想，愿伟大的祖国更加繁荣富强！

九、班会亮点

（1）运用现代多媒体技术，增强了班会效果。

（2）通过唱红歌和朗诵诗词等活动，让每位同学积极参与，活跃了班会气氛。

新时代大学生的责任和担当

——谈谈护理专业学生的责任和担当

王海恋　安徽城市管理职业学院

一、班会对象

2019级护理专业学生。

二、班会背景及目的

1.班会背景

历史赋予使命，时代要求担当。习近平总书记在纪念五四运动100周年大会上号召："新时代中国青年要珍惜这个时代、担负时代使命，在担当中历练，在尽责中成长"。引导大学生做新时代的亲历者、参与者、开拓者，是高校思想政治教育的重要课题。

2.班会目的

（1）使学生明确新时代护士的责任和担当。

（2）使学生知晓优秀护士应当具备什么样的素质，找到自身与优秀护士之间的差距，明确奋斗方向。

（3）使学生明白成为有责任感有担当意识的护士，需从当下做起，正确制定大学三年的学习和成长目标。

三、班会重难点

1.班会重点

（1）引导学生理解并体会作为一名护士的责任和担当。

（2）引导学生合理规划大学生活，明确专业发展方向。

2.班会难点

引导学生按照合格护士的标准来要求自己。

四、班会设计理念

本次班会在“新时代大学生的责任和担当”的主旨下选择“护理专业的责任和担当”这一主题，采用讨论会的形式。辅导员、专业教师、家长等一起参与到本次主题班会中，积极调动学生的主体意识，达到“培养责任和担当意识、树立大学学习和成长目标”的班会目的。

五、班会形式

采取讨论、播放视频等形式。

六、预期效果

（1）护理专业学生的责任意识和担当精神得以增强。

（2）引导学生明确大学阶段的学习目标，并进行目标分解，制定具体可行的实施方案。

（3）引导学生梳理职业生涯规划，提高护理专业学生的专业认同感。

七、班会准备

（1）辅导员与学生探讨班会的组织形式，与班委讨论确定班会的主题和流程。

（2）搜集相关图片、新闻、案例，制作调查问卷，准备道具。

（3）制作 PPT，利用多媒体教室开展班会，同时安排专人拍摄视频。

八、过程设计

1. 导入主题

【环节一】新闻分享

辅导员：咱们班的《护理天下》栏目迎来了第三次开播，我们来看看他们将带来什么内容。

两位主播同学就位，开始播报：观众朋友们大家好，欢迎收看《护理天下》，上期节目我们征集“护士新闻故事”，收到许多热心观众的来稿，今天我们来看看都有哪些新闻。

第一条新闻来自黄瑞龙同学的投稿：巴西一名护士因粗心忘锁恒温箱，导致婴儿坠地摔碎头骨。第二条新闻来自缪苗同学的投稿：江苏宜兴两名当班护士违反操作规范，错误输液导致患儿抢救无效死亡。第三条新闻来自王湘宜同学的投稿：济南西站，一名路过的女护士含泪抢救发病旅客，最终抢救成功。第四条新闻来自汪菲同学的投稿：黄山某医院，一名男患者前来就诊时突然神志不清，坐在服务台内的女护士翻身跃出柜台，在其他人员协助下，背起120斤左右的男患者送往抢救室，目前该男子已无大碍。

辅导员归纳总结，以上一种是职业素质低下、缺乏责任心的护士，一种是有责任心敢于担当的护士，而我们的社会需要的是第二种护士，并引出此次班会主题——新时代大学生的责任和担当。

2.进入主题

【环节二】问题引导

辅导员：“你认为一名有责任、敢担当的护士应当是什么样的？”

学生踊跃起立发言：“护理理论知识扎实”，“操作熟练”，“临危不惧”“慎独精神”，“身体要好，体力强”，“有爱心”，“沟通能力强”……

【环节三】师兄师姐有话说

辅导员：在班会筹备期间，班委就“护士的责任和担当”这一话题，采访了两位已经在医院工作的师兄师姐，我们来听听他们怎么说。（播放师兄师姐的采访视频）

辅导员：新时代对护士提出了更高的要求，除了要拥有扎实的专业理论知识、规范的实践操作能力、敏锐的洞察能力之外，更要养成优秀的医德医风，拥有诚实和慎独的品质、高尚的道德情操。

【环节四】分享讨论

辅导员：刚才大家听了这么多关于责任和担当的例子，我想请大家思考几个问题。请大家闭上眼睛，问问自己，“作为一名普通的大学生，我有担当吗？作为一名护理专业的学生，我有担当吗？我能成长为一名有责任心有担当精神的护士吗？”我该如何做？

（学生回答略）

辅导员结合学生回答作简要点评。

接着，播放采访家长的视频，听听家长们对选择了护理专业的学生有什么期望。

辅导员：作为新时代的青年，应敢于担当、勇于奋斗，努力做新时代具有责任意识和创新精神的建设者。国家命运与个人前途休戚相关，民族振兴与个体发展紧密相连。习近平总书记指出，“新时代中国青年处在中华民族发展的最好时期，既面临着难得的建功立业的人生际遇，也面临着‘天将降大任于斯人’的时代使命”，希望“新时代中国青年要担当时代责任”。我们要树立与时代主题同心同向的理想信念，勇于担当时代赋予的历史责任，既然选择了护理专业，想要成为优秀的护士，就要敢试敢为，努力把理想变为现实。

3.总结升华

【环节五】制定学习目标

辅导员：理想绝不是轻轻松松、喊喊口号就能实现的，而是需要一步一个脚印，踏踏实实地通过一个又一个目标的完成来逐步实现。接下来给大家发放树叶形状的小纸片，请每位同学认真思考，将自己的目标和学习规划写下来。

学生将书写着自己目标的树叶形纸片粘在班级区角的“目标树”上。

【环节六】护士宣誓仪式

辅导员：今天的班会还邀请到了护理教研室的周老师来为我们领读护士誓词，大家掌声欢迎。

邀请护理教研室老师加入班会，带领护理专业新生宣读护士誓词。

九、班会亮点

（1）目标明确。本次班会的目标是引导学生认识到，作为护理专业的学生，应该如何承担时代赋予的责任与使命。

（2）价值导向正确。本次班会价值导向正确，引导学生根据自己的专业、社会的需要，做好适合自己的学习规划，明确专业发展对自己的具体要求，激发了学生学习潜能，增强了学生学习热情。

（3）突出学生的主体性。班会中播放的家长和已毕业学生的采访视频均由学生自己制作，班会以学生讨论分享为主，坚持以学生为主体，激发学生的参与热情。

新时代　新担当　新作为

——“新”火相传

姚　沁　安徽国际商务职业学院

一、班会对象

大学二年级学生。

二、班会背景及目的

1. 班会背景

当代大学生作为青年一代，是祖国的未来、民族的希望。他们在人生道路的特殊节点上，容易出现学习困惑、生活迷茫、就业焦虑等问题。同时，面对复杂多变的国际环境，各种矛盾、风险、挑战不断增加，有效引导大学生树立正确的价值观、坚定理想信念、抵御外在风险显得尤为重要。

2. 班会目的

（1）守护学生健康成长。积极关注学生的心理问题，有效培育和呵护他们良好的心理品质，引导大学生树立积极进取和热爱生活的人生态度。

（2）引领学生正确前行。引导学生向模范致敬，向榜样学习，激发他们学习的热情和奋斗的动力。

（3）坚定学生理想信念，使学生深刻认识到坚定理想信念的时代意义，培养青年大学生的使命感和责任感。

三、班会重难点

1. 班会重点

（1）解决学生实际问题。期末考试将近，学生在备考阶段往往产生一定程度的焦虑和紧张，通过召开班会，帮助学生疏导“考试焦虑症”，助力学生顺利渡过考试关。

（2）培育大学生理性平和的心态。面对挑战和困难，拥有理性平和的心态，能够及时地进行心理调适，有助于拓宽思路，有效解决问题。

（3）制定合理的规划。引导学生明确国家大势、社会需求和自身使命，确定努力方向，合理规划未来。

2. 班会难点

（1）激发爱国情。通过回顾历史重大成就，感受先烈和先辈的崇高品格和一脉相传的优良传统，激发学生的民族自豪感和浓厚爱国情。

（2）强化使命感。强化大学生的历史认同，增强大学生的民族自尊心、自信心，树立振兴中华、建设社会主义现代化强国的历史责任感和使命感。

（3）增强自信心。将“成功”进行分解，阐明“平凡”和“伟大”的辩证关系，使得成功不再遥不可及，增强学生的自信心，促使他们树立远大理想，脚踏实地，练就过硬本领。

四、班会设计理念

采用讲授、讨论、分享等方式开展此次班会，教育和引导学生正确认识时代责任和历史使命，正确认识远大理想和脚踏实地之间的关系，达到塑造青年大学生担当精神的教育目的。

第一，回顾中华民族不屈的奋斗历史，使学生认清新时代使命和担当的内涵和分量。

第二，通过学习共和国勋章获得者的先进事迹，使学生认知新时代使命和担当的迫切性和必要性。

第三，借助多媒体平台引发学生思考，使学生认识新时代使命和担当的责任和义务。

第四，分组讨论，学生代表发言，使学生认识“新时代、新担当和新作为”。

五、班会形式

采取讲授、讨论、分享等形式。

六、预期效果

（1）个人层面。使学生消除心理困惑，学习、参加活动的主动性大大提高。

（2）班级层面。凝聚力增强，班风、学风有所改善，课堂纪律趋好，班级学生的学习自觉性、主动性整体提升。

（3）社会价值。本次主题班会的模式同样适用于多种主题班会，可以供其他辅导员使用，在一定程度上提高辅导员的工作效率。

七、班会准备

（1）制作主题班会 PPT。

（2）搜集关于共和国勋章获得者的视频素材与“扶贫之花”黄文秀的先进事迹素材。

（3）准备接力棒等道具。

（4）指导学生了解8位共和国勋章获得者的先进事迹。

（5）提前调试多媒体设备等。

八、过程设计

1.导入主题

【环节一】问题导入

辅导员：同学们，不知不觉大二将近过半。最近，有不少同学找我倾诉，说自己对未来很迷茫，又或者不知道现在到底该干啥，等等。不论如何，你们已经开始主动思考人生规划了，相比大一很有进步。

辅导员展示接力棒，并提问学生接力赛中哪一棒最重要？

辅导员：接力赛的每一棒都至关重要，任何一个环节出现失误，都会让我们以遗憾告终。从我们个人的一生，到一个民族甚至上升到一个国家的发展，都像是在跑道上完成一次次看似没有尽头的接力赛。2017年，党的十九大报告中指出我国已经进入了新时代，接力棒已经交到了同学们的手中。作为新时代的新青年，我们到底该做些什么，又该怎么做呢？

引出班会主题——新时代　新担当　新作为。

2.进入主题

【环节二】传递接力棒

学生依次传递接力棒，并且传递过程中让学生念出PPT展示的历史事件。通过这种仪式来回顾我国近现代以来的一些重要事件或重大成就，让学生更加深刻感受并思考历史接力棒的交接意义是什么。

辅导员鼓励学生认真思考、积极发言，并及时总结。

最后由一位学生作为新时代大学生的代表，接下神圣的历史接力棒。

【环节三】感受榜样力量

通过播放8位共和国勋章获得者的视频集锦，让学生直观感受到这些国之栋梁的伟大精神和高尚品格。

接着小组讨论，讨论之后分享个人感悟，引导学生畅言榜样精神。

再以“扶贫之花”黄文秀的感人事迹告诉学生，“平凡也能伟大，坚守平凡就是伟大”的道理，鼓励大家向榜样致敬，学习榜样的精神和高尚品格。

3. 总结升华

【环节四】师生感悟

辅导员引导每位学生认真思考一个问题——什么是“高光时刻”？并进一步结合上述榜样，说明他们的成就是由无数个人生的“高光时刻”累积起来的。

辅导员通过上述方式将“高光时刻”进行分解，告诉大家一个道理——成功也许并没有那么难，只要大家肯努力，未来一定有无数个“高光时刻”等着大家。

学生以小组讨论、个人发言的方式，分享个人感悟。

辅导员总结整场主题班会，时刻提醒同学们——新时代的火种需要新时代的青年接力相传，即“新”火相传。

最后再次聚焦接力棒，询问学生本场班会是否有助于他们解决迷茫和困惑，并提出希望。

九、班会亮点

（1）层层递进，环环相扣，密切联系。整场主题班会的核心部分共分为四个环节——问题导入、传递接力棒、感受榜样力量、师生感悟，四个环节层层递进、环环相扣。

（2）线上线下双推动。既充分借力 PPT 展示、视频播放等线上形式，又灵活运用接力棒传递、学生分组讨论、代表发言等线下形式，实现线上线下双推动，有利于多角度调动学生的情绪、注意力和兴趣，提高主题班会的效果。

（3）目标明确，设计合理。本次主题班会紧密围绕教育和引导学生正确认识时代责任和历史使命，正确认识远大理想和脚踏实地之间关系的目标，确立辅导员为主导、学生为主体的班会模式，通过增强互动性、提高参与度、采取多形式，保证教育的渗透力度和持久度，努力培养社会主义事业的合格建设者和可靠接班人。

时代召唤　奋斗青春

——新时代　新担当　新作为

田　洁　安徽三联学院

一、班会对象

大学一年级学生。

二、班会背景及目的

1.班会背景

习近平总书记在全国高校思想政治工作会议上强调，要教育引导学生正确认识时代责任和历史使命，激励学生勇做走在时代前列的奋进者、开拓者，把远大抱负落实到实际行动中去。当前，“00后”已开始大学生活，他们在思想和行为方面，还存在着知、信、行不统一的问题。因此，本次主题班会以中国特色社会主义进入新时代为切入口，以“时代召唤　奋斗青春”为主题。

2.班会目的

（1）加强学生对新时代相关理论知识的学习。

（2）运用典型案例辅助教学，帮助学生树立责任与担当意识。

（3）引导学生撰写职业生涯规划书，做知、信、行统一的践行者。

三、班会重难点

1. 班会重点

（1）引导学生感知中国新时代的内涵。

（2）引导学生树立正确的责任观，敢于承担历史与新时代赋予的使命。

2. 班会难点

使学生实现自我管理、自我提高、知行统一，真正做一名有担当、有作为的新时代大学生。

四、班会设计理念

班会分为三大板块。第一，感知新时代板块，介绍新时代的现状。第二，漫谈新担当板块，引导学生树立责任、担当意识。第三，实干新作为板块，督促学生知行合一。

班会采用案例分析、视频展播、小组讨论等方法，借助教育心理学理论知识，采用由点到面、以小见大的教育思路，从知、信、行三个角度，层层递进，引导学生实现自我教育、自我管理、自我提高，教育学生做学、思、用贯通，知、信、行统一的践行者。

五、班会形式

采取讲授与讨论相结合的形式。

六、预期效果

（1）观看视频，深化学生对新时代的认知与理解，明确新时代中国青年要树立远大理想、担当时代责任、勇于砥砺奋进。

（2）开展小组讨论，营造出积极活跃的班会氛围，激发学生参与热情与求知欲望。

（3）引导学生撰写职业生涯规划书，制订自我发展计划，确定发展目标，实现学生自我教育、自我管理，使其不断锐意进取、担当作为。

七、班会准备

（1）提前组织学生观看《闪亮的名字——2019最美高校辅导员/最美大学生发布仪式》，为班会顺利开展做铺垫。

（2）搜集“感知中国新时代”相关视频文件，并做好剪辑，以便把控班会时间。

（3）搜集青年学生先进典型案例，制作主题班会课件。

（4）布置教室，营造主题班会氛围。

八、过程设计

1.导入主题

【环节一】问题导入

辅导员：2019年6月21日，在央视《闪亮的名字——2019最美高校辅导员/最美大学生发布仪式》上，来自四川成都电子科技大学的博士研究生马天琛，说了这样一句话：“父母赐予我生命，新时代的中国梦赋予我青春的使命！”他的这句话引发了老师的一个思考：当下，我们新时代青年，面临的是怎样的新时代？

让我们带着对问题的思考进入今天班会的第一个话题——感知新时代。

2.进入主题

【环节二】感知新时代

辅导员：在“学习强国”学习平台上，有一个系列短片叫《感知中国新时代》，短片中的国际政要和海外知名学者，从他们的视角客观评述了新时代的丰富内涵和崭新特点，或许我们可以从接下来的这段视频中找到答案。

播放视频《感知中国新时代》第二集《进入新时代的中国特色社会主义》。

辅导员：通过刚才的视频短片，我们可以发现新时代我们的生活方式发生了翻天覆地的变化。我们当前所处的是一个经济繁荣、政治清明、社会和谐、文化发展的新时代！是一个人民生活水平不断提高、社会需求不断扩大的新时代！同时也是一个机遇越来越多、挑战越来越大、责任越来越重的新时代！习近平总书记在党的十九大报告中指出：“青年兴则国家兴，青年强则国家强。青年一代有理想、有本领、有担当，国家就有前途，民族就有希望。”我们青年一代面临的不仅仅是机遇和挑战，同时也承担着责任与担当，下面让我们来谈谈第二个话题——漫谈新担当。

【环节三】漫谈新担当

分享时代楷模李夏用生命诠释担当的事迹。2019年8月10日，第9号台风“利奇马”袭击了安徽宣城绩溪县。在抗击台风的过程中，绩溪县荆州乡纪委书记李夏，在护送一对村民母子安全通过塌方点后，返回塌方点继续守候以便及时护送过路村民时突遇泥石流，不幸遇难，生命永远定格在了33岁。中央宣传部于10月23日在北京向全社会宣传发布李夏同志的先进事迹，追授他“时代楷模”称号。李夏同志用年轻的生命，诠释了一名基层干部的责任与担当。

辅导员：学习了李夏同志的先进事迹，我想请同学们谈一谈你的心得体会。作为一名新时代大学生，你是怎样理解责任与担当的呢？大家可以从身边的小事说起。

（学生回答略）

辅导员：刚才同学们所说的都是我们身边的一些细微小事，越是小事，越能体现出一个人的道德水平。平凡小事见真情，最是小事显担当。作为新时代大学生，我们要从身边的小事做起。在我们的生活中，像李夏同志这样，有着强烈的责任担当意识的时代楷模还有很多，如用生命坚守初心和使命的广西“扶贫之花”黄文秀。

分享时代楷模黄文秀用生命坚守初心和使命的事迹。2019年6月16日，广西百色大学生村官黄文秀，周末回家探视病重手术的父亲，因牵挂遭灾的驻村群众，冒雨连夜开车返村，路遇山洪不幸遇难。很多人不解，北京师范大学研究生毕业的她为什么要回到农村去。她说：“很多人从农村走了出去，就不想再回去了，但总是要有人回来的，我就是要回来的人。”她用实际行动坚守了自己服务家乡的初心，帮助88户418人顺利脱贫，为脱贫攻坚事业贡献了自己的力量。

辅导员：“志不立，则天下无可成之事”，下面让我们来聊聊第三个话题——实干新作为。

3.总结升华

【环节四】实干新作为

辅导员：许多大学生在意志发展方面存在以下显著特点：一是自觉性有所提高，但还存在惰性；二是理智成分增强，但自制力薄弱；三是有勇敢精神，但毅力不足。在高校教育教学中，教师要引导学生制定自我发展计划，确定发展目标，实现自我教育。像马天琛、李夏、黄文秀这样的优秀青年，都是有着坚定的理想信念并为之付出实际行动的时代奋进者。我们当代大学生也要像他们一样，为了自己的理想而努力奋斗，实干作为。

同学们，大家都有什么样的理想呢？让我们一起来分享一下吧。

（学生回答略）

辅导员：看到大家积极发言，我很高兴，因为你们都是怀揣着梦想来上大学的。下面老师要给大家布置两项小任务：一是请同学们将自己的理想写在便利贴上，标注姓名与日期，班会结束后将便利贴放入玻璃瓶中。我会为你们保存这份“最初的理想”，直到梦想成真的那一刻。

二是会后撰写“职业生涯规划书”，制订自我发展计划，确定发展目标，实现自我教育，从而更好地规划自己的大学生活。

九、班会亮点

（1）从知、信、行三个层面选取话题，三个话题层层递进又互为补充，有利于提升班会效果。

（2）将“小故事”转化为“大道理”。以先进典型事迹为切入口，深化学生对“新时代”“新作为”“新担当”的认知与思考，最终转化为实际行动。

（3）引导学生撰写职业生涯规划书，确保主题教育内容入脑入心，产生持续效应。

立足新时代　展现新作为

周的玲　安徽新闻出版职业技术学院

一、班会对象

大学一年级学生。

二、班会背景及目的

1. 班会背景

习近平总书记强调，坚持好、发展好中国特色社会主义，把我国建设成为社会主义现代化强国，需要一代又一代人接续奋斗。我们面临的新时代，既是近代以来中华民族发展的最好时代，也是实现中华民族伟大复兴的最关键时代。当代青年是同新时代共同前进的一代，既拥有广阔发展空间，也承载着伟大时代使命，要成为实现中华民族伟大复兴的生力军。每个青年都应该珍惜这个伟大时代，做新时代的奋斗者。

2. 班会目的

（1）认识新时代。以青年学生喜闻乐见的方式引导学生正确认识、理解十九大精神和新时代的内涵。

（2）珍惜新时代。教育引导学生认识到新时代是近代以来中华民族发展的最好时代和实现中华民族伟大复兴的最关键时代。要珍惜新时代为我们提供的发展机会。

（3）展现新作为。教育引导青年学生坚定理想信念，志存高远，以更加昂扬的精神状态，刻苦钻研、勤奋学习，争做新时代中国特色社会主义事业的合格建设者和可靠接班人。

三、班会重难点

1. 班会重点

（1）引导学生准确理解新时代的科学内涵，深刻领会十九大精神，特别是习近平新时代中国特色社会主义思想的精神实质。

（2）引导青年学生明确肩上的使命和责任，以实现中华民族伟大复兴为己任，为中国梦的实现贡献青春力量。

2. 班会难点

（1）让学生在班会上真正参与进去。班会主题比较抽象，班会设置的理论讨论环节都是自愿的，如何推动每一个学生都参与其中，主动探索本场班会的目的，有一定难度。

（2）让学生在班会后真正行动起来。本次班会的目标是使学生在正确认识新时代的内涵后，勤奋学习、积极进取，班会过后要及时观察学生的行为情况。

四、班会设计理念

习近平总书记在全国高校思想政治工作会议上提出："好的思想政治工作应该像盐，但不能光吃盐，最好的方式是将盐溶解到各种食物中自然而然吸收。"本次班会将十九大精神和中国特色社会主义思想有效融入唱歌和讨论中，增强班会效果，真正起到育人作用。

五、班会形式

采取讲授、歌曲演唱、横幅签名等形式。

六、预期效果

让同学愉快地享受班会过程，真正理解十九大精神，明确肩上的使命和责任，在日后的学习和生活中积极进取，为实现中华民族伟大复兴的中国梦贡献青春力量。

七、班会准备

（1）召开班、团干部会议，正式确定班会主题，并正式制定班会活动方案。

（2）围绕班会主题方案，确定主题班会活动组委会，由组委会带领各小组成员搜集班会资料。

（3）进一步确定方案的可实施性、可操作性，将不合理的地方适当修改，使之更加完善。

（4）整理好班会内容活动资料，并组织学生准备调研反馈，做好活动的总结工作。

八、过程设计

1.导入主题

【环节一】阐述“新时代”的内涵

辅导员结合十九大报告和习近平总书记在2018年五四青年节讲话中对青年的寄语，引出本次班会的主题：“立足新时代　展现新作为”。

辅导员：2017年10月18日，中国共产党第十九次全国代表大会召开。在十九大报告中，习近平总书记指出，经过长期努力，中国特色社会主义进入新时代。

在报告中，习总书记对“新时代”的内涵进行了详细阐述：这个新时代，是承前启后、继往开来、在新的历史条件下继续夺取中国特色社会主义伟大胜利的时代，是决胜全面建成小康社会、进而全面建设社会主义现代化强国的时代，是全国各族人民团结奋斗、不断创造美好生活、逐步实现全体人民共同富裕的时代，是全体中华儿女勠力同心、奋力实现中华民族伟大复兴中国梦的时代，是我国日益走近世界舞台中央、不断为人类作出更大贡献的时代！

2.进入主题

【环节二】“青年说”

辅导员：2018年五四前夕，习近平总书记在北京大学师生座谈会上讲道：我们面临的新时代，既是近代以来中华民族发展的最好时代，也是实现中华民族伟大复兴的最关键时代。“最好时代”“最关键时代”是习近平总书记对新时代的定位，“00后”的你们眼中的新时代是什么样的呢？

（学生回答略）

辅导员：刚才几位同学都说到了自己感受中的新时代，有说到人民生活水平提高的，有说到教育水平提高的、科技越来越发达的……这说明同学们打心里认同这个新时代。

在纪念五四运动100周年大会上习近平总书记强调：“新时代中国青年要继续发扬五四精神，以实现中华民族伟大复兴为己任，不辜负党的期望、人民期待、民族重托，不辜负我们这个伟大时代。”那么，广大青年学生该如何在新时代积极展现新作为呢？

（学生回答略）

辅导员：刚才几位同学都说了自己要努力的方向，大致可归结为以下几点。第一，勤学。下苦功夫，求真学问。第二，务实。脚踏实地，求真务实。第三，担当。勇于担当，敢于作为。

【环节三】全班同学一起唱《强国一代有我在》

同学A：我们站在舞台中央　肩上扛着使命荣光

同学B：仰望星辰大海方向　内心拥抱超越力量

同学A、B：芳草青青最美时光　汗水泪水一样闪亮

召唤着春天一起远航　扬帆在人生海上

班级部分同学合唱：

这是一个新时代　中国正在强起来

这是我们的时代　谁都有机会出彩

这是一个新时代　中国正在强起来

这是我们的时代　谁都有机会出彩

同学C：我们站在舞台中央　肩上扛着使命荣光

同学D：仰望星辰大海方向　内心拥抱超越力量

同学C、D：青春就是搏击沙场　豪情壮志在我胸膛

如果我有什么不一样　是改变世界的主张

班级部分同学合唱：

强国一代有我在　我要秀出我厉害

幸福人生奋斗来　我要献出我的爱

强国一代有我在　这种精神有未来

奋进伟大新时代　谁都有机会出彩

全班大合唱：

强国一代有我在　我要秀出我厉害

幸福人生奋斗来　我要献出我的爱

强国一代有我在　这种精神有未来

奋进伟大新时代　谁都有机会出彩

强国一代有我在　我要秀出我厉害

幸福人生奋斗来　我要献出我的爱

强国一代有我在　这种精神有未来

奋进伟大新时代　谁都有机会出彩

谁都有机会出彩

谁都有机会出彩

【环节四】横幅签名

在《强国一代有我在》背景音乐中，同学们轮流在写有“强国一代有我在”的横幅上签名，合影留念，并高呼：立足新时代，展现新作为，强国一代有我在。

3. 总结升华

【环节五】总结

辅导员：习近平总书记在十九大报告中寄语广大青年：青年兴则国家兴，青年强则国家强。青年一代有理想、有本领、有担当，国家就有前途，民族就有希望。中华民族伟大复兴的中国梦终将在一代代青年的接力奋斗中变为现实。广大青年要坚定理想信念，志存高远，脚踏实地，勇做时代的弄潮儿，在实现中国梦的生动实践中放飞青春梦想，在为人民利益的不懈奋斗中书写人生华章！

作为青年人，我为生活在这个伟大时代而感到幸福。作为新时代的青年，我们应在实现中华民族伟大复兴中国梦的实践中毫无保留地挥洒热血和青春。在未来回首时，我们才能自豪地说：“这个世界，就是因为我们的努力，才能变得像现在这么好。”

青年朋友们，未来属于你们！加油吧！！撸起袖子加油干！！！

九、班会亮点

以讲授、唱歌、横幅签名等形式开展本次班会，将十九大精神、新时代的内涵有效融入活动之中，形式多样，内容丰富，班会效果较好。

新时代　新担当　新作为

——使命呼唤担当　榜样引领时代

章文涛　安徽审计职业学院

一、班会对象

大学二年级学生。

二、班会背景及目的

1. 班会背景

新时代，尽管社会环境变了，但是青年人仍然要面临复杂而艰难的社会选择。如何做出高尚的社会选择，如何处理好自我与社会、理想与现实、名与利、得与失的关系，如何在复杂的环境中坚守自身理想并终生为之奋斗，是值得每一个青年人深思的人生课题，也值得每一个青年人用一生去诠释、回答。

2. 班会目的

（1）提高学生的政治素养。

（2）引导学生开展自我剖析，发现自身不足。

（3）引导学生明确奋斗目标，树立奋发图强、积极进取的决心和信心。

（4）引导学生明确大学成长路径，合理制定学习计划。

三、班会重难点

1. 班会重点

（1）通过理论讲解，让学生了解国家政策方针，意识到新时代所赋予的时代使命。

（2）引导学生树立明确的发展目标，制定正确的学习计划。

（3）调动学生学习的积极性，活跃班会气氛，使主题班会效果最大化。

2. 班会难点

（1）将宏观的主题与学生学习生活实际相结合开展活动，使学生乐于接受。

（2）了解学生思想现状，针对思想动态异常的学生展开针对性教育。

四、班会设计理念

党的十九大报告指出，青年一代有理想、有本领、有担当，国家就有前途，民族就有希望。

进入大学二年级后，大部分同学已逐步适应大学生活但有的同学迷失了方向，“迷茫”两个字代表着部分学生的现状。

班会以问题导入引起学生的共鸣，激起学生的讨论兴趣。然后通过播放视频及让身边榜样面对面交流的形式，以“小”见“大”，鼓励学生与祖国同呼吸、共命运，为实现中华民族伟大复兴的中国梦而奋斗。

五、班会形式

采取讨论等形式。

六、预期效果

（1）学生的政治觉悟和政治素养得到提升。

（2）学生能够对比榜样开展自我分析，找到自身的优缺点。

（3）学生能够明确自己所担当的责任。

（4）学生能够明确大学阶段的成长目标，结合自身实际制定学习计划。

七、班会准备

（1）召开班干部会议，讨论活动形式。

（2）做好策划工作，搜集相关资料。

（3）选定典型榜样人物，挑选好人物故事。

（4）制作梦想卡，找好多媒体教室。

（5）准备宣誓词。

八、过程设计

1.导入主题

【环节一】新时代，新榜样

辅导员：大家好，欢迎来参加“新时代　新担当　新作为”主题班会。党的十九大报告指出，青年一代有理想、有本领、有担当，国家就有前途，民族就有希望。党的十八大以来，我们国家之所以在面对各种风险挑战时，能够迎难而上，在复杂的利益交织中能够一往无前，在风云变幻的国际形势中可以逆流而上，靠的就是党中央的运筹帷幄，各级党员干部的勇于担当、奋发作为。我们当代大学生，要想在新时代立足，必须要有新气象新作为，而这也正是我们召开本次主题班会的出发点。

转眼之间，我们已经入校一年有余了，大部分同学已逐步适应大学生活，但同时，也有部分同学失去了入校时的奋斗热情。在此阶段，许多同学会感到迷茫是不是？

（学生回答略）

播放《榜样4》中关于抽粪工李萌的视频。

随机抽取3位同学分享观后感。

辅导员：抽粪工，这个不起眼，甚至被城市人所遗忘的角色，却是一个22岁姑娘的职业开端，承载了一份信念、一份坚持、一份梦想，也希望同学们能够有所悟、有所学，学会那一份难能可贵的执着。

【环节二】新榜样，新担当

辅导员：看完视频，听过这3位同学发言后，相信每位同学都有很多话要说，下面进入小组讨论环节。

将全班学生分为5组，每组6个人，讨论新时代大学生的责任有哪些。

每组派一个代表交流讨论结果。

辅导员：新时代的我们要关心国家的前途，关心民族的命运，关心人民的幸福，胸怀大局，心有大我。大学生的成长凝聚了几代人的期望，“自古雄才多磨难，从来纨绔少伟男”，我们要将自己所学所长贡献到社会建设中，以实现人民幸福为己任。

2.进入主题

【环节三】学榜样，做榜样

辅导员：其实除了屏幕上的榜样，我们身边也有很多的榜样，我们学校的郁梦洁同学就是我们的一位榜样。

简单介绍郁梦洁同学的基本情况，包括专业技能考试，所获荣誉，社会志愿等各方面。

郁梦洁同学到现场，与学弟学妹分享她的学习感悟、学习方法以及如何度过大学的迷茫期。

辅导员：从屏幕中到我们每个人的身边，总有无数的榜样值得我们学习，总有无数的行为值得我们钦佩。

【环节四】新作为，圆梦想

辅导员：听完郁梦洁同学的分享，相信大家肯定也是有很多感触，对于目标的制定和如何实现都应该有了自己的想法，我们接下来就做一个小小的游戏。（卡片准备）

制作梦想卡。每个人桌子上都放一张卡片，它就是梦想卡片，每个人把自己的目标和理想写下来。

辅导员：现在大家把卡片交上来，由我代为保管，等大家毕业时我会发给大家，到那时，我们再看看，你与梦想的距离还有多远。

3.总结升华

【环节五】共宣誓，同启航

辅导员：到这里我们的班会也接近尾声了，我们学习了榜样，听到了精彩的分享，也将我们的梦想藏于纸上，藏于心中，相信大家收获满满。最后我倡议，大家宣誓，也希望我们的宣誓词入脑、入心、入行动。

（集体宣誓略）

【环节六】总结

辅导员：同学们，我们正处在一个新时代，一个充满机遇也充满挑战的新时代，作为新时代的大学生，我们要充分认识到自己所担负的责任，做好规划，始于足下，为梦想保驾护航，成为新时代有担当、有作为的新青年，成为投身于中华民族伟大复兴事业的新青年。今天的主题班会到此结束，谢谢大家！

九、班会亮点

（1）从屏幕中的榜样延伸至身边的榜样，目标性更强。

（2）积极运用讨论等形式，提升班会活跃度。

（3）制作梦想卡，明确目标方向。

（4）以庄严的宣誓结尾，促进主题班会学习成果入脑、入心。

生活辅导篇

回归初心　担当使命

——引导大学生正确认识、合理使用手机

操龙德　安庆师范大学

一、班会对象

大学一年级微电子专业学生。

二、班会背景及目的

1.班会背景

手机是信息时代科技产品的代表，是沟通信息的重要媒介，受到青年大学生的广泛青睐。但是，不少学生对手机的认识和使用存在误区，部分学生因为过度使用手机，给学习和生活带来了较为严重的负面影响。为引导学生坚定理想信念，树立社会主义核心价值观，正确认识手机对生活的意义，使手机使用、学习、生活三者形成良性循环，召开此次主题班会。

2.班会目的

（1）运用科学知识，引导学生正确认识手机。一是从微电子专业的角度，了解手机的产生过程和发展历史，理解手机对现代生活的变革性意义。二是从大学生使用手机的现状出发，指出当前大学生中存在过度

使用手机的不良现象。

（2）引导学生树立正确观念，合理使用手机。引导学生摆脱“手机依赖症”，提高自制力，养成好习惯，提高自我教育、自我管理、自我服务的意识和能力。

（3）引导学生坚定理想信念、锤炼高尚品格、培养专业精神、掌握科学知识，争做新时代的有为青年，为实现中华民族伟大复兴贡献力量。

三、班会重难点

1.班会重点

（1）帮助学生清楚地认识到手机是把“双刃剑”。

（2）帮助学生养成良好的手机使用习惯和自我管理能力。

（3）建立科学机制。及时建立起完善系统的班级教育管理监督体系，使主题班会的精神能够有效在实践中落实，以达到良好的预期效果。

2.班会难点

引导大学生坚定理想信念，回归学习“初心”，把个人的理想、前途、命运与国家发展、民族富强紧密结合起来。

四、班会设计理念

（1）突出政治性。习近平总书记强调，做好高校思想政治工作，要因事而化、因时而进、因势而新。要遵循思想政治工作规律，遵循教书育人规律，遵循学生成长规律，不断提高工作能力和水平。这是我们辅导员在新形势下做好思想政治工作的重要指南和根本遵循。

（2）突出整体性。以马克思主义整体性基本理论和思想政治教育基本原理为指导，牢固树立“三全育人”的思想政治工作理念，在科学把握国情、校情和生情的基础上，把主题班会从课堂向课外、校内向校外延伸，将课堂引导和课后管理统一起来，形成全员全程全方位育人机制。

（3）突出主体性。将大学生主体的价值建构作为文化育人工作的根本出发点，将大学生思想观念的改变纳入大学生现实生活的全程进行考察，将思想政治教育的目标与大学生主体需求统一起来，坚持体验教育的工作理念，以“理想、本领、使命”为育人的基本内核，以社会主义核心价值观培育为基本目标，以提高学生自我教育、自我管理、自我服务的意识和能力为具体任务，指导学生合理利用手机。

（4）突出创新性。立足新时代，从中国特色社会主义教育是知识体系教育同思想政治教育的结合与综合这一基本认识出发，将科学精神与人文精神相融合，使学生明确思想观念的错误是手机产生危害的根本原因。将学生作为班会主体，形成生活体验、价值引领、能力提升、行为塑造四位一体的工作闭环。

五、班会形式

采取讲授、讨论等形式。

六、预期效果

（1）通过交流手机依赖的危害，增强班级同学战胜“手机依赖症”的信心和决心。

（2）学生可以正确看待手机的利与弊，养成科学使用手机的习惯。

（3）引导学生做理想信念坚定、志存高远、奋发有为的新时代青年。

七、班会准备

（1）了解班级学生情况。通过走访学生宿舍、走访任课教师、参加学生活动等多种形式了解班情、生情，召开班委会，有针对性地开展班会设计和策划。

（2）组织“无机一日”活动。班会召开前几天，安排几名学生代表关机一天，并做好这几名学生当天活动情况的详细记录。

（3）邀请专业老师，搜集手机生产过程、发展历史及现实功能的相关材料。

（4）准备班会中需要的工具，如纸张、笔、信封等。

八、过程设计

1. 导入主题

【环节一】提出问题

导致手机危害的根本原因是什么？

【环节二】通过典型场景，体现手机在学习和生活中的作用

有通过手机进行网络学习的，有通过手机与家人、朋友联络情感的，有通过手机购物的，也有上网课、打游戏的。

请学生讨论、发言。

2. 进入主题

【环节三】科学讲解

请微电子专业的老师讲解手机的生产过程、发展历史和现实功能。将对手机的认识、使用与专业学习和实践结合起来。

【环节四】分析问题

思想观念的错误是导致手机危害的根本原因。

——专题讨论：“七嘴八舌”话手机。

围绕三个话题发起讨论：一是手机依赖有哪些危害，二是手机应该如何使用，三是班级手机管理的机制该如何建立。

班级同学畅所欲言，结合自身实际表达对手机使用的理解和认识。在讨论过程中辅导员及时引导学生意识到手机只是一种通信工具，使学生充分认识到依赖手机的危害，并达成共识：自制力和科学合理的手机

使用习惯是解决手机依赖问题的关键。

——观点阐明：辅导员简述大学校园手机使用的现状和过度使用的危害，明确思想观念的错误是导致手机危害的根本原因。

【环节五】解决问题

养成正确使用手机的习惯，提高自制力。

——树立观念：聚焦社会主义核心价值观，将科学精神与人文精神相融合，帮助学生树立正确使用手机的观念。

——明确方法：运用时间管理四象限法等帮助学生提高自制力，养成科学合理使用手机的好习惯，掌握正确使用手机的方法。

——教育引导：从当代大学生的社会角色入手，厘清他们的职责和使命，引导学生不断提升自身实现职责使命的能力，争做有作为有担当的时代新人。

——活动分享："无机一日"活动成果。参加活动的学生根据自己的记录，讲述关机当天所做的有意义的事情和心得体会。引导学生明白在无手机的情况下可以做很多有意义的事情，反思手机依赖的危害，增强战胜手机依赖的信心和决心。

3.总结升华

【环节六】体验升华

学生现场给父母写一封家书，表达自己对家的眷恋和对父母的感激，在书写的过程中感受传统交流方式的意义和价值。

【环节七】建立手机管理机制

辅导员指导班委会起草正确使用手机承诺书，组织全班同学签名表态；成立班级手机监管委员会，加强对同学使用手机的监控；实行手机袋管理制度，一人发一个小袋，自己在袋上写上姓名，以后在上课时，手机应统一放在标注自己名字的小袋中，培养和加强学生使用手机的自律意识。

九、班会亮点

（1）专业教育与思想政治教育相结合，主题现实感强，积极有效回应当前班级学生成长过程中出现的突出问题，帮助学生养成良好的使用手机的习惯，助力学生成长成人成才成功。

（2）建立了一套手机管理机制，有效实现了主题班会的预期目标。

追寻“星”能量　争做“星”青年

赵敏奇　皖南医学院

一、班会对象

大学三年级临床医学专业学生。

二、班会背景及目的

1.班会背景

一节好的主题班会课，不仅要让学生知道“是什么”，更要让学生知道“为什么”和“怎么办”，帮助学生分析问题背后的原因，启发学生思考要怎么解决问题。主题班会课的实施不应该仅仅让学生在课堂上有深刻的体验，而更应该让学生在以后的学习和生活中更好地去践行。因此，主题班会课后还需要跟踪观察学生的言行举止，注重价值引领。学生只有在思想上认同了积极、正面的价值观，才会在生活中以正确的行为来展现他的价值观，纠正自身错误的思想和行为方式。“追星”是一把“双刃剑”，面对追星热的现象，要挖掘大学生追星中的积极因素，化解其中之“弊”，使其为思想政治工作所用，成为思想政治工作中“攻玉”的“他山之石”。

2.班会目的

（1）引导学生理性认识明星。根据学生的年龄特点，采取合理的形式，引导学生理性看待明星的优缺点。

（2）引导学生向明星学习。呼吁学生在追星过程中汲取明星身上的正能量，鼓舞自己前进，将追星转换为自己学习的动力。

（3）引导学生树立正确的世界观、人生观和价值观，像自己崇拜的明星一样，通过努力奋斗去实现自己的梦想。

三、班会重难点

1.班会重点

（1）引导学生从理性认识明星到理性追星，从各行各业的明星身上汲取正能量，学习明星身上的优秀品质。

（2）通过学生的自主阐述，挖掘学生追星过程中的积极方面，并辅以榜样典型的宣传，做好正面引导。

2.班会难点

（1）突出学生主体性。以学生喜闻乐见的话题或人物吸引学生注意力，营造活跃的班会氛围，让更多学生参与话题讨论。

（2）激发学生认同感。青年大学生的世界观、人生观、价值观尚未完全确立，缺乏较强的辨别是非的能力，他们的价值判断在这个时期还比较模糊，具有一定的表面性，需要通过合适的方式引导学生树立正确的世界观、人生观、价值观。

四、班会设计理念

本次班会以“追寻‘星’能量　争做‘星’青年”为主题，遵循教师价值引领和学生自主建构相统一的规律以及学生品德形成过程中知情意行相统一的规律，坚持以习近平新时代中国特色社会主义思想为指导，围绕培养什么人、怎样培养人、为谁培养人的根本问题，聚焦青年学生追星现象，以学生为主体，以对话、讨论为主要手段，激发学生兴趣，启发学生思考如何将追星转化为自己的学习动力，实现自己的梦想，最终实现学生知情意行的统一。

五、班会形式

采取讲授、讨论等形式。

六、预期效果

通过本次主题班会，学生能正确、理性认识明星和追星，在今后的追星过程中，不仅局限于追娱乐明星，更要学会从身边优秀的榜样和在各行各业、各个领域有突出贡献的“明星”身上汲取“星”能量，树立“星”意识，争做勤奋努力、拼搏向上和坚持不懈的“星”青年。

七、班会准备

（1）发放关于大学生追星情况的调查问卷，统计并分析数据。
（2）制作学生宿舍日常追星现象视频。
（3）搜集2019年榜样人物及“共和国勋章”获得者个人事迹资料。
（4）制作PPT。

八、过程设计

1. 导入主题

【环节一】激发学生兴趣

以学生QQ空间追星截图及宿舍日常追星的视频引入，激发学生对班会主题的兴趣。

以学生喜欢的话题和追星日常切入，让学生观看真实的宿舍追星现场，营造轻松和谐的班会氛围，使学生能够产生对追星的情感共鸣。

2.进入主题

【环节二】讨论与互动

引导学生说出自己喜欢的明星，以及为追星做过的特别的事，也可以阐述别人追星的情况。

每个人因年龄、学识、思维方式、家庭教育等因素的差异，对同一个问题会有不同的思考和看法。当每个学生都能积极思考并表达对一件事或一个问题的见解时，一定能有不同的收获。本环节让学生就追星话题展开讨论，教师根据学生的讨论进行启发式追问，引导学生对追星有初步的思考。

【环节三】问卷调查结果展示

PPT展示前期问卷调查部分结果：校园追星学生数及所追明星的类型。

【环节四】视频展示

2019年9月16日上午，袁隆平院士参加了湖南农业大学2019级新生开学典礼，整个学校都沸腾了，同学们欢呼雀跃，激动不已。现场人山人海，不亚于其他任何追星场面。有人自豪地说："趴在栏杆上远远地蹭听了世界级的开学典礼！"校园追星盛况前所未见。让学生就视频中的"追星"现象进行思考。

通过数据和视频展示，让学生有直观的感受，进一步引发学生思考：大学生为什么追星，追星追的是什么？

【环节五】讨论明星特质关键词

辅导员向学生提问："你认为最重要的三个明星特质关键词"？进一步帮助、启发学生深度剖析追星其实是在欣赏明星的哪些特质，引导学生主动挖掘明星特质，进而思考应该追何种明星。追星要追优质明星、追身边榜样、追时代楷模。

从心理学角度分析，学生之所以对某位明星着迷，往往是把自己所认为的最完美最理想的形象刻画、投射到该明星身上。明星呈现的被人们关注的特质，其实是每个人想努力拥有的。同时引导学生关注身边符合明星特质的人，以及照亮国家和民族前行之路的“国家之星”。

3. 总结升华

【环节六】总结

辅导员：习近平总书记在国家勋章和国家荣誉称号颁授仪式上的讲话中指出，伟大出自平凡，平凡造就伟大。只要有坚定的理想信念、不懈的奋斗精神，脚踏实地把每件平凡的事做好，一切平凡的人都可以获得不平凡的人生，一切平凡的工作都可以创造不平凡的成就。我们都是追星族，在追星路上，向“星”看齐，争做“星”青年，在平凡的生活中成就不平凡的自己！

【环节七】课后拓展

PPT 展示公众号共产党员的二维码，供学生关注，分享更多时代楷模、明星事迹。

九、班会亮点

（1）紧扣主题，贴近生活。以学生喜闻乐见的社会热点话题作为切入点，不流于说教，增强学生的社会关注度，培养学生的思辨能力，同时也能够对学生的价值观进行正确的引领。

（2）突出学生主体性。以学生为主体，激励学生全程参与讨论，辅导员辅助引导，构建起学生主动参与、师生双向互动的班会模式。

（3）创设使学生充满兴趣、主动参与、有成就感的班会环境，增强了学生的参与感、获得感。

感受榜样力量　做新时代追梦人

——大学生理想信念教育主题班会

黄　琦　皖西学院

一、班会对象

大学三年级学生。

二、班会背景及目的

1.班会背景

习近平总书记曾说："中国梦是我们的，更是你们青年一代的。中华民族伟大复兴终将在广大青年的接力奋斗中变为现实。"伟大的中国梦的实现迫切需要大力弘扬社会主义核心价值观，积极宣传先进模范人物的精神。要鼓励当代大学生向榜样学习，做中国梦的追梦者和圆梦人。

2.班会目的

（1）激发学生的爱国热情、提升学生的爱国意识。

（2）激励学生的报国之志。通过榜样展示，引发学生的思考，自己可以向榜样学习，也可以成为别人的榜样。

（3）引发学生的深刻思考。大学三年级的学生即将走向工作岗位，在社会上扮演着不同的角色，因此，广泛开展向榜样学习的活动，发挥榜样的引领作用，有利于他们积极投身到社会主义建设的事业中。

三、班会重难点

1. 班会重点

（1）激发爱国热情。通过播放庆祝中华人民共和国成立七十周年大阅兵仪式片段，向学生展示祖国的强大，从而激发学生的爱国热情。

（2）感受榜样力量。向学生展示国家主席习近平，青年学生康瑜、夏高森的经历，感受他们扎根基层、奉献社会的力量。

（3）学习榜样精神。引导学生在大学期间提高自己的综合素质，鼓励学生毕业后扎根基层，为祖国的建设贡献力量。

2. 班会难点

（1）将榜样精神内化于心。本次班会的榜样选择具有代表性，有国家领导人习近平总书记，有中国人民大学的高才生康瑜，也有我们本校的优秀毕业生夏高森，由远及近，他们都是我们当代大学生学习的榜样。

（2）将爱国热情化为实际行动。通过榜样精神的激励，鼓励当代青年将自己的爱国之情转化为实际行动，并制定计划、付诸实践。

四、班会设计理念

习近平总书记曾寄语青年："青年一代有理想、有本领、有担当，国家就有前途，民族就有希望。中国梦……是我们这一代的，更是青年一代的。中华民族伟大复兴的中国梦终将在一代代青年的接力奋斗中变为现实。"本次主题班会紧抓当下热点焦点，以"感受榜样力量　做新时代追梦人"为题。班会开始通过播放2019年庆祝中华人民共和国成立七十周年大阅兵视频，引发学生的爱国热情和民族自豪感。随后通过展示榜样的力量引发学生的思考，引导他们立志为中国梦的实现贡献自己的力量。

五、班会形式

采取讲授、讨论、提问和故事分享等形式。

六、预期效果

（1）激发学生的爱国热情。通过播放庆祝中华人民共和国成立70周年大阅兵视频，激发学生的爱国热情和民族自豪感。

（2）引导学生向榜样学习。通过榜样精神的传递，引导学生向榜样学习，用最简单的方式、最实际的行动助力中国梦的实现。

（3）引导学生合理分配时间、合理规划大学生活，珍惜当下，好好学习，做新时代的追梦人。

（4）引导学生制定合理的职业规划。学生通过对自己未来职业的规划，做好走上就业岗位的思想和心理准备。

七、班会准备

（1）通过召开班委会、在学生中展开调研等形式，确定班会主题，制定班会方案，搜集相关视频、图片、案例等，制作班会PPT。

（2）班会开始前，通过适当语言放松学生心情，营造轻松气氛，调动大家的积极性，鼓励学生主动参与到班会的讨论中。

（3）对即将在班会中提出的问题进行认真研究，并对学生可能说出的答案做好预案，积极有效地应对讨论过程中可能会出现的一些问题。

八、过程设计

1.导入主题

【环节一】播放庆祝中华人民共和国成立70周年大阅兵视频

通过播放庆祝中华人民共和国成立70周年大阅兵的视频，激发学生的情感共鸣，从而引发学生思考："作为新时代的青年，我们能为祖国做些什么，应该怎么做？"借由这两个问题，引出班会的主题——"感受榜样力量　做新时代追梦人"。

【环节二】概述不同时代的榜样

辅导员：一百年前，有这样一群爱国青年，他们掀起了彻底的反帝反封建的伟大爱国运动，拯救了民族危亡、捍卫了民族尊严、凝聚了民族力量，以磅礴之力鼓起了中国人民和中华民族实现民族复兴的信心。

五六十年前，有这样一群有志青年，他们响应毛主席"知识青年到农村去"的号召，积极主动地投身到国家的建设中。

今天，有这样一群担当青年，他们在最美好的青春年华选择了吃苦、扎根和奉献。

通过阐述代代相传的中国青年榜样精神，得出当代青年有能力，也有责任和义务挑起中华民族伟大复兴的重担。

2.进入主题

【环节三】榜样展示

榜样1：1969年，不到16岁的习近平来到陕西省延川县梁家河大队插队，七年时间同人民群众同甘共苦。那些年，他接受艰苦生活的磨炼，过了"跳蚤关、饮食关、生活关、劳动关、思想关"，展现了矢志不渝的理想追求和爱国为民的家国情怀。他是当代青年人树立正确人生观、价值观的榜样。

榜样2：康瑜，中国人民大学高才生。2015年，她本科毕业，顺利保研，但一直热心公益的她在毕业前一个月决定：放弃保研，去大山支教。大山里生活条件艰苦，每次家访都要翻山越岭走二三十公里。而她依然抱着“帮助孩子走出大山”的使命感，为了教育事业的发展而坚持。康瑜在艰苦的条件下，利用诗歌打开孩子们的心扉，让孩子们爱上了学习。为了让更多的孩子接受教育，为了让山里的孩子有更好的教育，她放弃了出国留学的机会，开发了“是光”项目，承担了中国青年应有的责任，成为时代的楷模。

榜样3：夏高森，本校2011届毕业生，安徽宿州人，在校期间，学习刻苦勤奋，成绩优异，先后获得2009年度“中国大学生自强之星”提名奖、国家励志奖学金、品学兼优毕业生等30多项奖项。他毕业后选择响应国家号召，支援西部，那段经历让他与乡亲们结下了深厚的友谊，也让他深深感受到，帮助别人是快乐的，也更加懂得了奉献的意义。在两年服务期满后，他仍然选择继续支援西部，到了离家3000多公里的新疆昌吉州，在祖国最需要的地方发光发热。接受了时代、社会关爱的他，有责任也有义务去回馈这个关爱他的时代和社会。

【环节四】学生分享

学生分享自己心目中的榜样，辅导员进行总结：其实榜样就在你我身边，他们在平凡的岗位上做着不平凡的事情，他们正在用最简单的方式、最朴实的行动去助力中国梦的实现。我们每个人都有可能成为别人的榜样，我们要努力使自己成为别人的榜样，去影响他人，去助力中国梦的实现。

【环节五】提出问题

辅导员提出下列问题：我们描绘了宏伟的中国梦蓝图，确定了实现中国梦的行动纲领，作为当代大学生，我们应该怎么做？

将5—6名学生分为一组给予学生充分的时间讨论，之后，每组请一位代表和大家分享小组的讨论结果。

【环节六】辅导员支着儿

在学生分享之后，结合学生的回答，辅导员分享四条建议，让学生学会从现实出发，结合当下实际制定行动纲领，向榜样看齐。

一是展示钱学森的事例。当年，在美国的钱学森在得知中华人民共和国成立后，费尽千辛万苦回到祖国，为祖国的核事业作出了巨大的贡献，是什么力量支持着他作出这样的选择？引导学生说出第一个关键词——爱国，人生规划中爱国、爱岗是基础。

二是展示袁隆平的事例。袁隆平被称为“杂交水稻之父”，是什么力量支撑着90多岁的他忙碌在田间地头。通过展示袁老的“禾下乘凉梦”和“杂交水稻覆盖全球梦”这两个梦想，引导学生说出第二个关键词——梦想，人生规划中远大梦想是方向。

三是展示南仁东的事例。“天眼之父”南仁东在20多年前接下当时并不被很多人看好的“天眼”项目，到如今建成世界最大的单口径球面射电望远镜，南仁东除了爱国、有梦想，最重要的是他有什么？引导学生说出第三个关键词——能力，人生规划中专业能力是根基。

四是展示清华大学学霸的日程安排表。密密麻麻的日程安排给学生一种视觉震撼，同时引发思考，学霸不是天生的，而是需要坚持不懈的努力，引导学生说出第四个关键词——自律，人生规划中严格自律是保障。

3.总结升华

【环节七】引发学生深思

在具备人生规划的基础、方向、根基和保障后，引导学生结合当前大学三年级的实际情况，明确当下最迫切的任务，即明确自己是选择考研还是就业。在确定了短期目标后，请大家围绕这个目标去制定一个详细的计划，同时确定下一次班会的主题，即以职业规划为主题大家一起分享讨论。

【环节八】总结

利用学生情感升华的重要时机再次阐明班会主题，指出现在我们比历史上任何时期都更接近中华民族伟大复兴的目标，以习近平总书记所说的“中国梦是我们的，更是你们青年一代的。中华民族伟大复兴终将在广大青年的接力奋斗中变为现实”寄语学生。大学生作为新时代的青年，必将以中华民族伟大复兴为己任，一起把梦想汇聚，将榜样精神传承，做新时代的追梦人！

九、班会亮点

（1）目标明确，紧扣主题。大学生肩负中华民族未来，对他们进行理想信念教育是当下高校德育的主要任务，本次主题班会能够紧扣时代主题，加强德育成效。

（2）聚焦热点，引起共情。充分挖掘当下热点事件和人物，激励学生积极参与，产生共情。

（3）内容充实，逻辑清晰。充分挖掘对当代大学生影响较大的事例，引发大家向榜样学习的想法。

（4）形式丰富，方法合理。通过视频、图片等方式展现事例，并展开讨论、分析，强化学生的认同感。

遇见20年后的自己

——大学生人生观教育主题班会

邵 洋 安徽机电职业技术学院

一、班会对象

大学一年级学生。

二、班会背景及目的

1.班会背景

习近平总书记在党的十九大报告中指出，青年一代有理想、有本领、有担当，国家就有前途，民族就有希望。大学一年级的学生，正处于志长气短、迷惑茫然、容易分化的关键期，适时的梦想唤醒、目标引领对于学生立志成才具有重要的意义。因此，特以“遇见20年后的自己”为主题设计了本次班会，激励学生以实际行动做新时代的奋斗者。

2.班会目的

引导学生明确大学目标，制定合理的职业生涯规划，遇见更好的自己。

三、班会重难点

1.班会重点

（1）引导学生以发展的眼光、未来的视角思考谋划人生，让学生明白“撸起袖子加油干”才是现实与理想之间唯一的桥梁。

（2）引导学生用科学的方法解析自我、规划人生、实现梦想。

2.班会难点

唤醒学生的初心和梦想，激发学生对美好生活的向往，树立务实奋斗的意识。

四、班会设计理念

奋斗，是新时代最美的姿态。大学生作为时代“弄潮儿”应当传承爱国奋斗的精神，高唱新时代奋斗者之歌。本次班会通过“穿越”，与20年后的自己对话的设计，从“情感—态度—价值观”三个维度调动和激发学生的积极性，产生情感的共鸣，明白奋斗的意义，唤醒初心和梦想，激发对美好生活的向往，引导学生用科学的方法解析自我、规划人生、实现梦想。

五、班会形式

采取情景模拟、讨论分享等形式。

六、预期效果

（1）在“知”的方面，学生能以发展的眼光、未来的视角思考谋划人生，明白奋斗的意义。

（2）在“情”的方面，唤醒学生的初心和梦想，激发学生对美好生活的向往，激发学生的学习动力和潜在斗志。

（3）在“行”的方面，学生能用科学的方法解析自我、规划人生，实现梦想。

七、班会准备

（1）学生思想摸底。通过走访宿舍和教室了解学生思想状况。

（2）班会形式确定。根据学生特点，采用适当的形式，增强学生的参与意识。

（3）会前材料准备。会前采集学生照片，用特殊软件进行处理，呈现学生20年后的相貌。

八、过程设计

1.导入主题

【环节一】分解班会环节

辅导员：岁月不居，时节如流。除了上节课主题班会设定的2020年的“小目标”，大家有没有想过10年、20年后的大目标呢？到那时，我们会是一种怎样的人生状态呢？

本次主题班会拟通过以下三个部分进行开展。第一部分：20年后的自己，会是什么样。一是20年后，作为自然个体的我们会是什么样；二是20年后，作为社会个体的我们会是什么样。第二部分：遇见20年后的自己，想说点什么？一是穿越后的自我对话；二是视频里的父母期许。第三部分：遇见20年后的自己，如何做才能不后悔。一是学会自我分析；二是时光机的内容。

2. 进入主题

【环节二】提出问题，展开讨论

——20年后，作为自然个体的我们

辅导员：20年后，大家已经40岁左右了，即将步入人生的中年阶段，大家可以想象一下，40岁的自己模样会发生怎样的变化呢？可能这样讨论还不够直观，班会前我让几位同学用网上比较流行的（变老）软件处理了一下大家现在的照片，大家来看一下，是否还认识自己。

——20年后，作为社会个体的我们

辅导员：刚才大家讨论的是20年后作为自然人的我们。按照职业生涯发展理论，20年后，我们的家庭、事业已进入稳定期，再往后可能不会有太大变动。那时，作为社会人的我们，会是一种什么样的状态呢？我们在做着什么工作？家庭怎么样？父母怎么样？

【环节三】与20年后的自己对话

——穿越后的自我对话

辅导员：向往美好生活是人之常情，但不一定人人都能如愿！假如20年后的某天，你遇到了20年前的自己，你会带着悔意责怪他不曾努力奔跑，还是会拥抱感激他一直咬牙坚持呢？现在，我们不妨来一次穿越，大家对20年后的自己说点什么吧，如希望他如何生活、如何工作、如何对待自己的父母等。

——视频里的父母期许

辅导员：大家谈得都很好，其实不只我们想对20年后的自己说点什么，一直在背后默默支持我们的父母也有话要说。请看视频片段。这段视频展示了中国传统父母与子女的相处，无论贫富贵贱，对父母来说，我们都是最优秀、最重要的。面对父母如此深沉的爱与期许，我们怎能不动容？（略作停顿）

反观现在我们大学生的生活状态？有的同学像个考拉，不惜逃课一睡就是一天；有的同学像个情圣，女朋友换了一个又一个；有的同学更加佛系，沉迷网游无所事事。这样的我们，拿什么面对父母、面对未来？

2017年，河南一位农民工在黑板上写下了一段寄语：不奋斗，你的才华如何配上你的任性；不奋斗，你成长的脚步如何赶上父母老去的速度；不奋斗，世界那么大，你靠什么去看看；一个人老去的时候，最痛苦的事情，不是失败，而是我本可以。每个人心里都有一片海，自己不扬帆，没人帮你启航，只有拼出来的成功，没有等出来的辉煌！我看好多同学都在沉思，谁来分享一下此刻的感受？

（学生分享略）

辅导员：人生有许多未知，但是没有什么能影响自己把握住“现在”和“今天”。今天多努力一分，明天离自己的梦想就更近了一步。

【环节四】自我规划

——学会自我分析

辅导员：刚才我们提到了奋斗、提到了规划。那么，我们应该怎样做才能在20年后人生无悔呢？老师认为首先要认清自己，然后瞄准“最近发展区域”努力，让人生不驰于空想、不骛于虚声。从认清自己的角度来说，大家可以借助SWOT分析法，明确我是谁、我在哪里、我去往何处、我如何到达等内容。从找准“最近发展区域”的角度来说，大家可以借鉴职业生涯规划课上做的霍兰德职业兴趣测试，理清自己的个性偏好、价值诉求，确认自己的技能优势、职业兴趣，进而绘制自己的短期（未来1年）、中期（未来5年）、长期（未来20年）人生规划。

——时光机的内容

辅导员：具体的规划，请大家课后完成。现在发给每人一个信封，大家把自己的规划写下来，由我替大家保存。毕业典礼的时候，我们回来见证一次；20年再相聚的时候，信封还给大家，届时，我们再来见证一次。

3.总结升华

【环节五】总结

辅导员：这节课，我们遇到了20年后的自己，也重新认识了现在的自己，我们知道了美好的未来依赖于当下的努力奋斗。新时代是奋斗者的时代，青年当志存高远，激发奋斗潜力，只有奋斗的人生才称得上幸福的人生。成功没有捷径，青春不容辜负，生命最好的状态就是在路上！真诚希望20年后，班上每一位同学都会感谢此刻奋斗不息的自己，都能实现此刻许下的铮铮誓言，都可担起民族复兴的时代重任！

九、班会亮点

（1）结构内容层次化。本次班会结构层层递进，打破了时间限制和空间制约，用“穿越”引发未来思维。

（2）主线设计巧妙。本次班会主线明暗结合，明线为大学生人生观教育，暗线为新时代新青年奋斗精神的培养。

（3）环节体验有实效。本次班会从晓之以理到动之以情，再到最后导之以行，有效让学生明白问题出在哪里、为什么要改变以及应该怎么做。

（4）素材运用合理。班会运用的素材源于生活，能够达到情感冲击的效果，通过情景互动的形式，把控学生情绪，逐层深入，最终达到班会目的。

不忘初心不迷茫　毕业路上有方向

沈婷婷　淮南师范学院

一、班会对象

大学四年级学生。

二、班会背景及目的

1.班会背景

大学四年级的学生已经开学两个月了，即将迎来毕业实习期，为增强学生的就业主动性和紧迫感，帮助学生明确学习目标、树立职业意识，更好地规划工作，从容地应对竞争压力和职业挑战，召开本次主题班会。

2.班会目的

（1）帮助学生强化初心、尽快适应毕业季节奏，更好地规划未来，成为新时代更有担当更有作为的新青年。

（2）引导学生持之以恒、坚守初心。在帮助学生强化初心以后，要引导学生坚守初心，找到适合自己的道路。面对大学即将毕业的多种选择，无论是考研、考编、留学、参军入伍等，都要遵循本心，不可随波逐流，更不可半途而废，要有持之以恒的决心。

（3）动员学生学习榜样、践行初心。通过榜样的事例，让学生明白在新时代如何践行初心，如何更有担当、更有作为。

三、班会重难点

1. 班会重点

（1）强化初心的过程。通过寻找“梦想存储箱”的活动，帮助学生寻找刚上大学时写下的梦想，回忆初心。

（2）坚守初心的动力。提前录制班级学生家长的视频资料，通过家长对学生梦想和初心的支持，鼓励学生坚守初心。

（3）践行初心的方法。通过榜样故事分享，让学生感知如何在青年时代践行初心，做一个对社会有用的人。

2. 班会难点

（1）通过大道理和小故事相结合的形式，让学生明白无论是国家、民族还是个人，都不能忘了自己的初心，走得再远，都不能忘了来时的路。

（2）通过讲解新中国七十年的变化，引导学生明白坚守初心的重要性，培养学生遇到困难决不气馁、持之以恒的品质。

四、班会设计理念

通过谈心谈话、情景再现、朋辈教育等方法，帮助处在毕业季迷茫期的学生强化初心，找到奋斗的目标和前进的动力，并进一步帮助他们树立远大的理想信念，自觉将青春梦融入中国梦，在新时代，做腹有诗书、心有使命、肩有担当的有为好青年。

五、班会形式

采取讲授、讨论等形式。

六、预期效果

（1）帮助大四学生强化初心，积极应对迷茫和困惑，提早规划人生，找到适合自己的毕业出路。

（2）引导学生在人生道路上遇到任何困难和迷茫，都有不服输、不退缩、不言败的精神，时刻提醒自己不忘初心，不忘来路，奋勇前进，努力成为新时代社会主义事业的合格建设者和可靠接班人。

七、班会准备

（1）通过面聊主要班级干部和关注学生网络动态，实时了解学生近况，分析学生迷茫的原因，做好主题班会背景调研。

（2）查阅“不忘初心、牢记使命”主题教育相关讲话，阅读社会学、心理学、教育学相关书籍，并就专业问题咨询就业创业工作处老师。

（3）准备视频资料，制作PPT。

八、过程设计

1.导入主题

【环节一】点明主题

辅导员在班会伊始介绍召开班会的目的。通过讲述学生近期表现（找工作、考研等迷茫没有方向），点明召开本次班会的目的和重要性。

这一部分主要使用共情的手段，让学生感受到大四毕业面临的现状和压力。

2.进入主题

【环节二】观看视频，引发讨论

辅导员组织学生观看视频《我丢失了什么?》。随后让学生进行交流，引导学生感悟：密码丢了可以找回来，但是初心丢了就找不回来了。

辅导员：自从有了微信之后，我就没有登录过QQ了。前段时间突然想起，去登录的时候发现密码忘了。在申诉时，有个问题，你的梦想是什么？可是已经十几年过去了，我不记得当初写了什么。于是我便随便填了一个：钱。答案错误。于是我又填了爱情。答案错误。于是我又填了车子、房子、工作。全部错误。这时我才发现，我丢的不是密码，而是最初的梦想。时至今日，我已经忘记了自己的初心是什么了。

辅导员进而组织班会现场互动。通过提前开启大一保存的“梦想存储箱”，让同学们现场分享自己当初的梦想，并问学生是否还记得自己的初心。

【环节三】深入探讨，引导思考

辅导员由表及里，层层引导。首先从国家、民族层面剖析坚守初心的重要性。让学生重温中华人民共和国成立70周年庆典的精彩片段，感受祖国的繁荣昌盛，感悟共产党人的初心和使命。然后，再次提醒学生要铭记自己的初心。最后，辅导员采用借力的方式，提前准备好一段视频（学生家长录制的为学生找工作、考研等加油的视频），以礼物的方式送给学生。

【环节四】探讨分析，解决问题

辅导员再次抛出话题，告诉学生之所以在毕业季会有迷茫，是因为自己缺乏践行初心的动力，没有找到有价值有意义的人生目标。通过时代楷模黄文秀、大四学子陶正薄的事迹，引导学生讨论，让学生感悟初心的力量。通过习近平总书记的知青岁月的事例，让学生从榜样身上汲取力量。从而表达这样一个道理：每代人有每代人的青春，每代人有每代人的使命。他们的青春之路有所不同，但是有一个共同点，那就是：不忘初心、坚守初心、践行初心。不是每个人都能成为站在风口浪尖影响国家命运的人，也不是每个人都要成为时代楷模和英雄烈士，但我们能做的，是做好自己！我们要做的，是在新时代，向榜样看齐，更有担当、更有作为！

3.总结升华

【环节五】总结

辅导员：只有把自己的梦想和初心与祖国的前途和命运相联系，把个人的“小我”融入祖国的“大我”中，把实现个人价值和实现社会价值相统一，让青春梦与中国梦同频共振，这样的人生才是有动力的人生、才是有意义的人生、才是有价值的人生。

九、班会亮点

（1）辅导员积极引导，学生主动参与，综合采用多种方法，教育学生正确面对就业压力。

（2）发挥辅导员谈心谈话特长，以抒情的方式讲述道理，循循善诱，层层深入。从强化初心出发，到践行初心落脚，逐层递进，使学生在轻松的环境中接受教育。

（3）以小见大，从学生关心的实际问题出发，叩问学生的初心，结合“新时代、新担当、新作为”主题，帮助学生树立远大理想信念，找到奋斗的目标并采取积极行动。

青春之问

——正确人生观漫谈

江 雪 安徽中医药高等专科学校

一、班会对象

大学二年级学生。

二、班会背景及目的

1.班会背景

2016年，习近平总书记在全国高校思想政治工作会议上指出，要坚持把立德树人作为中心环节，把思想政治工作贯穿教育教学全过程，实现全程育人、全方位育人。高校辅导员要积极帮助同学们坚定信念、增强自信，要将教育内容和培养方式作用于学生的精神、思维、心态乃至行为。而要解决好学生的精神状态和思维倾向方面的问题，使其行为在适当范围内和正确轨道上展开，就必须首先帮助同学们树立起科学的世界观、人生观、价值观，以形成比较稳定的心理框架和积极向上的价值取向。

2.班会目的

（1）立德树人。教育的根本任务是立德树人。习近平总书记在学校思想政治理论课教师座谈会上指出，青少年阶段是人生的“拔节孕穗期”，最需要精心引导和栽培。当今世界正面临“百年未有之大变局”，不同思潮相互激荡、各种信息参差不齐，对青年学生造成思想困惑，他们需要有科学的人生观来领航。因此，大学教育不仅要传授学生探求知识与真理的方法，更要帮助学生树立正确的价值取向，引导学生对真善美不断追求与探索。

（2）以知促行。通过集中探讨，引导学生践行社会主义核心价值观，并促使学生将其内化为精神追求，外化为行动自觉，以知促行。

三、班会重难点

1. 班会重点

通过案例展示及理论阐释，帮助学生理解人生观的主要内容，并躬身实践正确的人生观。

2. 班会难点

引导学生理解人生观的三个方面及其内在逻辑联系。

四、班会设计理念

在日趋复杂的国际形势下，西方社会思潮对当代大学生的价值观造成一定程度的冲击。本次主题班会从“人生目的”“人生态度”“人生价值”等视角，系统分析人生观的科学内涵。坚持“以学生为主体”的教育理念，结合典型案例分析，通过师生互动，引导学生树立正确的人生观。贯彻落实“以文化人，以德育人”的教育方针，教育引导学生培育和践行社会主义核心价值观，在中国特色社会主义的伟大实践中创造有价值的人生。

五、班会形式

采取讲授、讨论等形式。

六、预期效果

（1）引导学生认识人生观的含义及重要性。

（2）引导学生树立正确的人生观。

七、班会准备

（1）提前深入学生中间开展调查，结合班级学生中存在的实际问题，初步确定班会主题。

（2）召开班团干部会议，正式确定班会主题，并制定班会活动方案。

（3）围绕班会主题，搜集相关资料。

（4）做好班会前的宣传工作和各项任务的分配工作。

（5）申请多媒体教室，做好会场布置、物品准备等工作，安排好记录、拍照人员和后期宣传工作。

八、过程设计

1.导入主题

【环节一】引出话题

辅导员：1980年5月一位名为“潘晓”的读者在《中国青年》杂志上发表了《人生的路呵，怎么越走越窄……》一文，引起了全国范围内关于人生观的大讨论。从文中，我们可以感受到这位青年的困惑、迷茫。20年后，《北京纪事》刊登了《人生的路啊，为什么越走越宽?》一文。时光荏苒仍未改变的是部分青年的迷茫和焦虑。导致迷茫和焦虑的原因是什么呢？是因为部分青年不明确自己的人生目的。因此，作为大学生，要首先明确人生目的，也就是人为什么活着，这就是我们今天所要探讨的内容。

2. 进入主题

【环节二】讲解人生观的内涵

辅导员：人为什么活着？人应该如何活着？怎样的人生才有价值？这些关于人生问题的总的看法就是人生观的内容，即人生目的、人生态度、人生价值。而其中人生目的是人生观最核心的内容，它决定了我们的人生态度和人生价值选择。

北大女博士娄滔在其遗嘱中写道："一个人活着的意义，不能以生命长短作为标准，而应该以生命的质量和厚度来衡量。"她说："我走之后，头部可留给医学做研究。希望医学能早日攻克这个难题，让那些因为'渐冻症'而饱受折磨的人，早日摆脱痛苦……"

同样是在大学校园，2004年，马加爵在云南大学宿舍连杀四个人，之后网络上广泛流行这样一句话：感谢室友不杀之恩。马加爵在海南看守所留给家人的两小时录音中有这样一句话："姐，我不知道人活着有什么意义？"对人生的困惑，无疑是马加爵杀人的原因之一。

对于踏入新时代的大学生而言，正确认识人生的意义非常重要，因为它不仅影响着人的人生观，更会影响人的行为，继而影响国家、民族的未来。在大学校园里，经常会有两类同学出现，反映的是两种不同的人生态度。一类庸碌无为，消极倦怠；一类积极进取，乐观向上。庸碌无为的同学不思进取、得过且过；积极进取的同学热爱生活、积极向上、责任感强、意志坚韧。

辅导员：在座的各位同学，你们是属于前者还是后者？

（学生回答略）

分享榜样案例。

96岁高龄的中国科学院院士、国家最高科学技术奖获得者、"中国肝脏外科之父”吴孟超，在75年的从医生涯里，救治了1.5万名病人。他总说：“我想背着每一位病人过河。”比起脸上的褶皱，比起脚下的变化，吴老更在意自己的双手。他说：“手比脸重要。脸老了无所谓，但是这手所有的感觉要保护好。”在央视的一档节目中，吴孟超老人节选了张晓风散文里的一段话，反映出吴老对莘莘学子的期盼。作为医学院校的学生，我们深知救死扶伤是自己的天职，而更为重要的是，这份容不得半点虚假的职业要求同学们务必在今后的日子里心怀仁心，施以仁术。吴老用自己的高超技艺向我们展示出的是认真与务实，而这正是我们在座的每一位同学所需要的。

除了认真和务实，积极进取的人生态度还要求我们要保持乐观心态。大家都看过《中国达人秀》，也都知道《千手观音》，演出人员虽然身有残疾，却仍然选择拥抱阳光，正是他们那份对于生命的乐观以及不懈进取才有了一次又一次精美绝伦的演出。

爱因斯坦说过：“一个人的价值，应当看他贡献什么，而不是看他取得什么。”所以，作为大学生，当我们拥有了认真、务实、乐观、进取的人生态度之后，还要作出正确的价值判断和选择。

结论：我们要反对拜金主义、享乐主义、极端个人主义。

3. 总结升华

【环节三】总结

辅导员：我们大学生要顺应时代潮流，认清错误思想和腐朽观念的实质，在服务人民和奉献社会的人生实践中完善自我，创造人生的美好价值。新的时代背景下，青年学子要勇担历史责任，与历史同向、与祖国同行、与人民同在，要将正确的人生观付之于行动，从点滴做起，从身边小事做起。

习近平总书记说过：“青年是标志时代的最灵敏的晴雨表，时代的责任赋予青年，时代的光荣属于青年。”我相信在座的每一位同学都能够有清晰的人生目的，拥有认真、务实、乐观、进取的人生态度，作出正确的价值判断和价值选择。“人生，从自己的哭声中开始，在别人的眼泪里结束。这中间的时光，就叫作幸福。”期待每一位同学都能在人生中体会属于自己的那份幸福。

九、班会亮点

（1）形式活泼。班会活动形式丰富多样，内容贴近大学生的生活和学习实际。

（2）主体性突出。重视学生的主体地位与参与度，从与学生密切相关的学习生活问题入手，探讨分析，有助于提高学生的积极性。

不负韶华　砥砺奋斗

储兆晶　安徽理工大学

一、班会对象

大学二年级学生。

二、班会背景及目的

1. 班会背景

当前的大学二年级学生大多是“00后”，他们个性张扬、思想独立、自我意识强，机械式灌输和简单说教已经很难达到思想政治教育的效果。结合学生成长和受教育的阶段性特点，开展形式灵活多变、内涵丰富多彩的主题班会是辅导员工作的重要抓手。

2. 班会目的

（1）引导学生深刻认识自身存在的时间管理能力不足和职业发展规划不明确等问题，并产生解决这些问题的意识。

（2）引导学生结合自身实际，学会进一步合理有效地分配时间。

（3）引导学生在解决自身问题过程中，将个人发展融入“两个一百年”奋斗目标中去，在为国家发展贡献力量的过程中，实现自身价值。

三、班会重难点

1.班会重点

（1）帮助学生认识到自身存在的问题，并引导学生不断寻找解决问题的方法。

（2）引导学生将个人发展与祖国发展相结合。

2.班会难点

新时代奋斗观的阐述。

四、班会设计理念

坚持“以学生为主体”的教育理念，秉持“互动、探索、引导”的教学方针，通过推荐书籍和人物故事分享，引导大学生树立社会责任感和使命感，有意识地将责任感落实到日常学习、生活中去，珍惜大学时光，砥砺奋斗。

五、班会形式

采取讲授等形式。

六、预期效果

（1）帮助学生发现自身时间管理能力不足和奋斗目标不明确等问题，并找到解决问题的方法。

（2）通过人物故事案例分享，引导学生设定目标，既要仰望星空、心怀梦想，又要脚踏实地、砥砺奋斗。

（3）帮助学生树立问题意识，带着问题出发，在解决问题中成长，进一步提升学生解决问题的能力。

七、班会准备

（1）结合班级学生中普遍存在的实际问题，确定班会主题。

（2）围绕班会主题召开班委会，讨论本次主题班会的筹备工作。

（3）设计班会形式及具体方案。

（4）准备PPT及其他相关材料。

八、过程设计

1.导入主题

【环节一】播放剪辑视频

播放视频《大学四年，时间都去哪了?》，引发学生思考大学时间流逝的原因。

2.进入主题

【环节二】提出问题

大学生，尤其是大学二年级学生，是否存在时间管理能力不足的问题。

【环节三】分析问题

结合调查数据分析大学生每天的上网时间，以及上网的目的，引导学生分析网络“双刃剑”的作用。

【环节四】解决问题

讲授“信息茧房”效应。以互动交流的形式，引导学生学会多元化学习，提高时间管理能力；推荐时间管理书籍，配合人物故事，引导学生将节省的时间用于奋斗，具体阐述奋斗目标设定、奋斗路径探索和历史使命担当。

3. 总结升华

【环节五】总结

学生现场书写奋斗卡，设定短期目标和长期目标，并写下具体实践路径的关键词。结合PPT和奋斗卡内容，引导学生进一步明确不论理想多么伟大，都需要脚踏实地去完成，并且要将个人发展融入祖国发展中去。

九、班会亮点

（1）在主题选择上，紧密结合大学二年级学生时间管理能力不足和奋斗目标不明确等突出问题。

（2）“珍惜时间”和“奋斗青春”主题典型性强，也是高校思想政治教育的重要环节。班会以视频展示、书籍推荐等方式，引导学生进一步分析并解决问题。

（3）辅导员在整个过程中逐步引导学生去发现问题、提出问题和解决问题，最终让学生能够自我认知、自我定位和自我奋斗。

（4）班会以师生互动为主，让学生真正成为班会的主体，深刻领会班会的意义和目的。

掌控情绪　舒缓压力

吴　妍　安徽邮电职业技术学院

一、班会对象

大学二年级学生。

二、班会背景及目的

1. 班会背景

情绪直接或间接地影响着人们的身心健康。参加班会的20名同学刚刚经历了英语四、六级考试，在备考的过程中他们背负了巨大的压力，身边的同学也有不少因为压力而失眠、焦虑甚至抑郁的情况。此外，华东师范大学的张英老师调查了757名18—30岁的在读或已毕业大学生，发现有情绪问题的612人，占比80.8%。

基于以上背景，召开“掌控情绪　舒缓压力”的主题班会，让同学们认识情绪及不同情绪产生的原因，并掌握有效的调控方法，合理地应对学习、生活、工作中的压力与挫折，更多地体验积极情绪，在实现中华民族伟大复兴的征途中奋进前行！

2. 班会目的

（1）引导学生初步学会剖析产生不良情绪的原因。

（2）引导学生找出克服不良情绪的方法，帮助他们形成正确的人生观和世界观。

三、班会重难点

1. 班会重点

（1）认识情绪、了解情绪对身心健康的影响。

（2）引导学生认识“情绪ABC理论”，培养学生分析各种情绪产生的原因的能力。

2. 班会难点

引导学生学会用“情绪ABC理论”调节自己和他人的消极情绪，培养健康、积极的心态。

四、班会设计理念

大学阶段是人心理和生理走向成熟的关键时期，自我意识和个性表达也日益凸显。为了让学生正确认识自己的情绪，理解他人的情绪，合理宣泄不良情绪，用正确的方法表达情绪，学会调节、控制与管理自己的情绪，召开此次班会。

五、班会形式

采取讲授、讨论等形式。

六、预期效果

（1）让学生了解情绪产生的原因，了解情绪对身心健康的影响。

（2）引导学生在认识“情绪ABC理论”的基础上，通过小组讨论、自我剖析的形式将“情绪ABC理论”运用到实际中，帮助同学也帮助自己调节情绪。

七、班会准备

（1）召开班委会议，确定班会主题，并制定班会活动方案。

（2）围绕班会主题方案，确定主题班会活动组委会，由主题班会活动组委会带领各小组成员搜集班会资料。

（3）确定方案的可操作性，将不合理的地方适当修改，使之更加完善。

八、过程设计

1.导入主题

【环节一】视频问答——播放视频《班长怎么了?》

辅导员：两个同学和班长打招呼，但是班长没睬他们。(班长一直受到辅导员的器重，获得了很多荣誉，前不久刚拿了国家励志奖学金)

为什么班长没有搭理同学?

(学生回答略)

有的同学会认为那是因为班长拽、自大、清高；有的同学会觉得是别的原因。

2.进入主题

【环节二】认识情绪

对“班长没搭理同学”这件事，学生持有不同的意见，产生了不同的反应，同时流露出了不同的情绪，从而引入今天班会的第一个知识目标——认识情绪。

第一，讲解情绪的类型。首先，看一组情绪的卡通图片，介绍中国人常说的“七情”即喜、怒、哀、俱、爱、恶、欲。其次，根据七种情绪不同的特征，又可将情绪分为积极情绪和消极情绪两大类。再次，分组讨论，请同学们列举两类情绪。积极情绪主要包括希望、信心、同情、乐观、忠诚、爱情；消极情绪主要包括恐惧、愤怒、焦虑、抑郁、悲观、冷漠。

第二，讲解消极情绪的危害。一是讲解“钉子的故事”，得出结论：坏情绪会伤害到他人。二是介绍美国生理学家艾尔玛的实验“人在不同情绪状态下呼出气体”，人在悲愤情绪状态下呼出的气体注射到小白鼠身上，会令小白鼠死亡，得出结论：坏情绪对自己的伤害更大。

【环节三】讲解情绪ABC理论

第一，开展情景剧表演——《半杯水的故事》。

两个人都十分口渴，当见到有半杯水时，他们产生了不同的情绪反应。

A：“还好还有半杯水”——满足。

B：“怎么只剩半杯水了”——不满。

此剧旨在让学生认识到情绪并不是由事件本身引起的，而是与对事件的评价有关，从而引出艾尔伯特·艾利斯（Albert Alice）的情绪ABC理论。

第二，介绍ABC理论。

美国的临床心理学家艾利斯在20世纪50年代提出了情绪ABC理论。他认为：“人不是被事情困扰着，而是被对这件事的看法困扰着。”

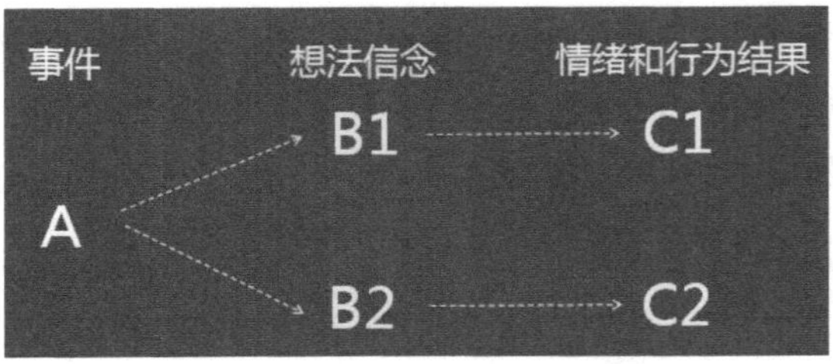

面对同样的事件（A）——半杯水，不同的人（B）持有不同的信念：B1——太好了，还有半杯水；B2——真讨厌，哪够喝？他们的情绪和行为结果（C）也是不同的：C1——开心；C2——难过。

（继续播放视频《班长怎么了?》）

辅导员：视频中两位同学对班长不搭理这件事反应截然相反，这和我们在座的同学的反应一模一样。

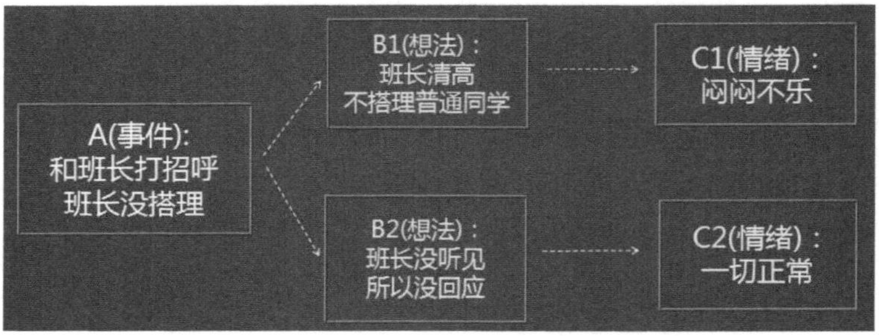

学习了情绪ABC理论，就可以解读这两个事件了。

小结：相同的事件，评价角度（积极、消极）不同，产生了不同的情绪结果。我们通常认为“某某事情使我产生了某某情绪”，其实影响我们情绪的不是事情本身，而是我们对事情的看法，对同一件事不同的人会有不同的想法。

【环节四】讨论互动

辅导员：请就以下事件，分组讨论，尽可能多地写出你的想法，并注明每一种想法下的情绪。

事件：你的好友说周末会找你去逛街，但整个周末他都没有和你联系。

想法1：　　　　情绪1：　　　　行为1：

想法2：　　　　情绪2：　　　　行为2：

想法3：　　　　情绪3：　　　　行为3：

想法4：　　　　情绪4：　　　　行为4：

以下内容根据课堂上学生的回答整理：

想法1：这个人一点都不讲信用　情绪1：讨厌、生气　行为1：不理他

想法3：他根本不当我是朋友　情绪3：气愤　行为3：不理他

这些想法都是消极的，因而产生的情绪也是消极的。

想法2：他可能突然有急事来不及通知我　情绪2：谅解　行为3：不受影响

想法4：他不会出什么意外吧？　情绪4：担心　行为4：马上联系他

这些想法都是积极的，因而产生了积极的情绪。

不同想法之间激烈碰撞，一方面改变部分同学的消极想法，另一方面加深积极想法同学的情绪体验，以此来满足学生个性化的学习需求。

辅导员：写出令你生气、伤心或自卑的事情（A）和当时的想法（B）及情绪行为结果（C）。

请三位同学抽取纸条，并利用情绪ABC理论进行解决，与大家分享。

以下内容根据课堂上学生的回答整理：

三位同学朗读了纸条上的内容，并利用情绪ABC理论帮助同学改变想法。

事件（A）：高考失利　想法（B）：前途一片黑暗　情绪行为结果（C）：沉溺于游戏

解决：高考失利不代表前途一片黑暗，来到大学重新制定学习目标，未来依旧光明。

事件（A）：失恋　想法（B）：女朋友不应该爱上别人　情绪行为

结果（C）：生气，喝了大半瓶酒

解决：爱与不爱是她的权利，我无权责怪她。我会重新好好生活。

事件（A）：体育生训练了大半年没拿到800米第一名　想法（B）：不是学体育的料　情绪行为结果（C）：放弃学体育

解决：一次的失败不代表永远的失败，继续努力，成功就在不远处。

此设计旨在突出学生学习情绪ABC理论前后的差异——学会了自我剖析，调控了自己的情绪，培养了积极的心态。

3. 总结升华

【环节五】总结

辅导员：可见怎么想决定我们产生什么样的情绪，当事实无法改变时，若想改变情绪，首先要改变想法。发生相同的事情，若我们的想法不同，便会产生不同的情绪反应。只要找到非理性的想法并驳斥它，以合理的想法取代，人就会产生积极的情绪。

九、班会亮点

班会结合了课堂提问、视频播放、情景剧表演、互动体验等内容，让同学们轻松地学会并应用情绪ABC理论调节自己和他人的不良情绪，在未来的工作、学习、生活中更多地体验积极情绪。

走出舒适圈　奋斗新青年

陈　景　安徽医学高等专科学校

一、班会对象

大学二年级学生。

二、班会背景及目的

1.班会背景

习近平总书记深情寄语青年：青年兴则国家兴，青年强则国家强。中华民族伟大复兴的中国梦终将在一代代青年的接力奋斗中变为现实。然而，部分大学生沉浸于“舒适圈”不想努力，这不利于个人的成长和社会的发展。在此背景下，召开此次班会。

2.班会目的

（1）引入“舒适圈”这一热门话题，让学生了解什么是“舒适圈”，并能找到自己的舒适圈。

（2）通过讲解心理学原理和实例，剖析“舒适圈”的危害，引导学生意识到走出“舒适圈”，树立远大理想，不断锐意进取的必要性和重要性。

（3）通过心理游戏尝试打破“舒适圈”。师生一起制定走出“舒适圈”的“21天出圈行动计划”，为走出“舒适圈”努力奋斗。

三、班会重难点

1. 班会重点

改变认知。从“舒适圈”中走出来，过程必然是痛苦的，因而引导学生改变消极错误的认知是此次主题班会要解决的重点问题。

2. 班会难点

改变行为。帮助学生走出“舒适圈”，制定计划并付诸行动。

四、班会设计理念

坚持“以老师为主导，以学生为主体”的教育理念，由师生共同设计、完成，主要设计思路见下图。

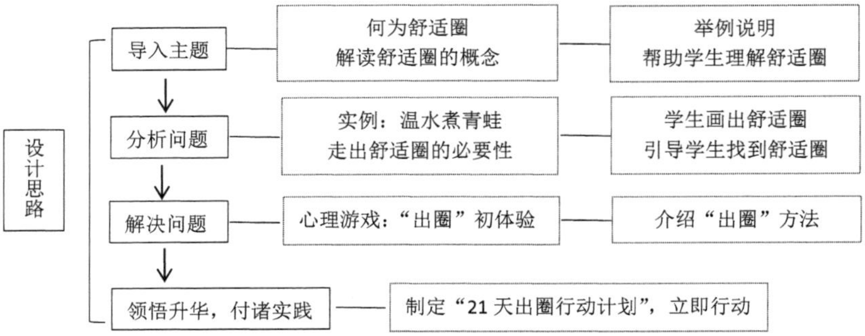

班会设计思路

五、班会形式

采取讲授、做游戏等形式。

六、预期效果

（1）使学生意识到长期处在“舒适圈”，限制个人发展。

（2）引导学生改变只想保持现状的消极懒散想法，积极进取。

（3）引导学生掌握走出“舒适圈”的方法，制定计划并付诸实施。

七、班会准备

（1）通过观察、访谈得出部分学生的闲暇生活状态基本是吃饭、睡觉、玩手机，与网上热议的“舒适圈”高度吻合，情况令人担忧。学生自己很难意识到并主动走出“舒适圈”，需要由他人帮助其发现、分析、解决问题。

（2）准备PPT、“21天出圈行动计划书”、行动承诺书等资料。

（3）做好活动前的宣传工作，申请多媒体教室，做好会场布置，安排好活动中的记录、拍照工作。

八、过程设计

1. 导入主题

【环节一】介绍“舒适圈”

辅导员：今天班会的主题是“走出舒适圈　奋斗新青年”。大家是不是在想：只听过朋友圈、甜甜圈，“舒适圈”是什么东西？

“舒适圈”作为心理学概念指的是一个人所表现的心理状态和习惯性的行为模式，人在这种状态或模式中会感到舒服、放松。在现实生活中表现为，习惯待在自己熟悉的环境里，接触自己认识的人，做自己擅长的事，不愿接受新事物和变化，否则会不舒服，甚至抗拒。如上课不愿坐前排、独自玩手机等。

2.进入主题

【环节二】提出问题，引发思考

“舒适圈”是舒服、放松的，为什么要走出来呢？因为“舒适圈”有其潜在的危害！

——温水煮青蛙，“舒适圈”也是“束缚圈”

介绍温水煮青蛙实验：美国康奈尔大学的科学家曾做过一个“温水煮青蛙实验”。将青蛙投入40摄氏度的水中时，青蛙因受不了突如其来的高温刺激立即从水中跳出来。之后把青蛙放入凉水中，只见青蛙自由自在地游着，就像在池塘一样。随后用小火缓慢加热，虽然水温逐渐升高，但青蛙却没有察觉到，等到青蛙察觉到高温时，已经失去弹跳能力。

青蛙之所以失去弹跳能力正是因为环境太安逸，失去了危机意识。真正的危机不是身处险境，而是没有忧患意识，安于现状。

辅导员：同学们是不是觉得青蛙傻，其实，在实验室里被煮的是青蛙，而在现实中，我们都可能像青蛙一样被安逸的生活慢慢“熬煮”而不自知！

——画圈，找到自己的“舒适圈”

辅导员：有的同学是不知道自己处在“舒适圈”，有的则是知道却无能为力或不想改变。现在请同学们直面问题：我的舒适圈是什么？和老师一起在行动计划书上把它画出来（展示老师的“舒适圈”）。

【环节三】体验非“舒适圈”，介绍“出圈”方法

——心理游戏：走出“舒适圈”初体验活动过程

第一，引导学生舒服地坐好，将注意力放在自己的身体和感受上；

第二，十指自然地交叉相扣5秒；

第三，以不同的方式十指交叉相扣5秒，感受和之前的不同；

第四，恢复自然状态，自然地双手抱胸；

第五，以不同的方式双手抱胸，感受和之前的不同；

第六，恢复自然状态。

辅导员：不同的十指相扣和抱胸有什么感觉，为什么有这种感觉，改变习惯可能吗？

——跳出“舒适圈”分三步走

第一，摒弃守成心态、抵制碌碌无为。不能让“舒适圈”麻痹了进取心，要保持清醒的头脑，及时摒弃消极观念和行为，坚决不做“咸鱼”。

第二，树立正确的价值观和远大理想。有的人之所以安于现状，源于没有动力，否认自己的能力。当然，走出“舒适圈”并不是要制定不切实际的目标，而是要结合自身实际，从小目标一点点到大目标，水到渠成。

第三，行动，改变现实的处境。要克服惰性，与时俱进，跟上日新月异的现代社会，积极适应新时代的要求。

3. 总结升华

【环节四】制订“21天出圈行动计划”

师生一起制订“21天出圈行动计划”，签署行动计划书。行动计划书的内容有：

第一，我的“舒适圈”是什么？（环节二已画出）

第二，我的“舒适圈”会带给我哪些限制？

第三，我要从哪些方面“出圈”？（画出学习区）

第四，我马上要做的一件事是什么？

第五，签署行动计划书。

行动计划的周期为21天（21天效应），每天记录行动情况，21天后开班会汇报成效。

【环节五】总结

辅导员：“生于忧患，死于安乐。”无论是个人、社会还是国家，熟悉的环境，惯性的运作，没有了挑战，就会懒于改变、安于现状，适应能力、竞争能力都会下降。“磨洋工”的人只会被淘汰、原地踏步的社会也会被取代。青年兴则国家兴，青年强则国家强。实现中华民族的伟大复兴，需要每个人都树立正确的价值观念和远大理想，紧跟新时代的步伐，走出“舒适圈”，不断超越自我。

九、班会亮点

（1）本次主题班会以学生身边的小事为切入点，让学生意识到本来习以为常的事情可能正在消磨我们的意志，要及时做出调整，走向非“舒适圈”，锐意进取，以推动社会和国家的发展。既解决生活问题，也解决思想问题，有效发挥了主题班会的素质提升和思想引领作用。

（2）班会以社会热点话题为着眼点，以心理学、教育学、管理学等学科的理论为指导，通过体验式游戏开展教学活动，师生一起反思、行动，共同成长。

奋进新时代　青春新征程

——聚焦新生入学始业教育

毛翠华　安徽冶金科技职业学院

一、班会对象

大学一年级护理专业新生。

二、班会背景及目的

1.班会背景

对于大学新生来说，进入大学既意味着新的发展契机，也意味着压力，是人生发展过程中的一个重要转折。新生普遍存在两个“惯性”。一是学习的依赖性，经过长期的应试教育后，许多学生习惯跟着考试走，离开了试卷，似乎不知道应当如何学习新知识。二是思维的依赖性，部分学生习惯于照着做而不是思考为什么要做，应当怎么做。这严重影响了他们在大学阶段的学习与成长。

为了让学生顺利地转换角色，尽快完成从高中练习式学习到大学自主开放式学习的转变，帮助他们熟悉大学的学习、生活环境，掌握学习规律，培养自主学习、自我管理的意识和能力，开展新生入学始业教育十分有必要。

2.班会目的

（1）引导护理新生在习近平新时代中国特色社会主义思想的指引下，不忘初心、牢记使命，胸怀“做新时代的南丁格尔”的远大理想，自觉践行校训院风，在实现中华民族伟大复兴中国梦的历史进程中，勇于担当，奋进作为。

（2）帮助学生了解学校护理人才培养模式，了解护理学科专业情况，明确学习目的，端正学习态度，增强学习的自觉性和主动性。

（3）引导学生主动适应大学生活，融入班集体，自觉遵守校纪校规；增强护理职业生涯规划意识，合理规划大学的学习和生活，通过努力学习达到服务社会、奉献社会的目标。

三、班会重难点

1.班会重点

引导学生发现新阶段的困惑，产生对专业学习的思考。

2.班会难点

利用网络等多种手段，解决新阶段的困惑，号召学生把“小我”融入“大我”，脚踏实地做人。

四、班会设计理念

本次班会主要对学生学习和就业上的困惑予以指导和帮助，使护理新生充分认识护理专业的内涵，形成正确的学习观和成才观，调动他们的学习积极性，更好地实现学校和专业人才培养目标。

同时对护理新生进行学业规划指导、职业生涯规划教育，帮助其了解护理专业的就业前景，为未来职业及人生定位做好规划。

五、班会形式

采取讲授、讨论等形式。

六、预期效果

通过开展护理专业学习的始业教育活动，解决护理新生入学后学业上的困惑；同时，结合学业规划指导和职业生涯规划教育，帮助护理新生确立奋斗目标，树立“做新时代的南丁格尔”的崇高理想，成长为新时代优秀的护理接班人。

七、班会准备

（1）通过各种形式，了解新生的适应情况。根据反馈数据，分析学生面临的专业学习、学业规划等困惑。

（2）围绕班会主题，搜集相关资料。

（3）做好班会前的宣传工作和各项任务的分配工作。

八、过程设计

1. 导入主题

【环节一】青春新起点

本次班会以“奋进新时代　青春新征程”为主题，帮助入学新生解决学业和职业规划中的困惑。

2. 进入主题

【环节二】观看视频，引发思考

观看学校宣传片，了解护理专业师资队伍、实验实训条件等，了解专业发展动态，促使新生树立爱校荣校的思想，加快自身健康成长。

【环节三】学习相关材料

带领学生学习护理人才培养方案，了解护理人才培养目标及培养规格，明确核心课程体系，树立专业学习信心，培养专业意识和思维能力，激发新生的学习动力。

【环节四】向榜样看齐

向护理新生介绍优秀学长学姐，使学生懂得学好专业知识、参加技能大赛对提高护理综合素质的促进作用，激励新生努力学习，服务社会、奉献社会。

3.总结升华

【环节五】“小我”融入“大我”

师生座谈，坚定理想信念。辅导员指导学生从兴趣、特长出发，结合专业发展趋势，尽快确定具体学习目标，提高学习效率。在交流中增进学生对护理专业的理解和认识，坚定投身护理行业的理想信念。

学业规划指导。辅导员指导学生围绕三年的学习，从“周计划”“月计划”开始，逐渐制定“学期计划”“学年计划”直至“三年大学计划”，从而使新生在今后的学习中学有目标、赶有方向，以积极进取的精神不断实现自己确立的目标。

职业生涯规划指导。辅导员对护理新生开展职业生涯规划教育，使学生对职业前途充满希望，确立终生奋斗目标——南丁格尔奖，“做新时代的南丁格尔”。

辅导员寄语护理新生。要珍惜学校的育人环境，强化专业归属感，明确学习目的，合理进行学业规划，尽快适应大学生活、学习。未来在工作中，把“小我”融入“大我”，脚踏实地，在新征程中作出应有的贡献。

【环节六】课后拓展

（1）“做自己的设计师”——完成大学三年的护理学业规划，在学期末，进行交流评比。

（2）开展“声在校园——我身边的护理”活动，利用微信群，每日由辅导员或同学“发声”，宣传护理人的优秀事迹，弘扬“青春正能量”。

（3）“奋斗者，赢未来”——请思考如何结合自身专业实际，做一名新时代的奋斗者？在“声在校园”微信群进行讨论，指导新生正确进行自我认知与探索。

（4）“反馈”与“提升”——征集学生对本次主题班会的改进意见，从而更好地提升班会体验，使班会的效果达到最大化。

九、班会亮点

（1）主题鲜明，可以更好地帮助护理专业的学生加深对所学专业的理解。

（2）突出学生的主体地位、重视学生的参与度，坚持从学生的角度分析问题，解决问题。

（3）善于创新形式。积极发挥微信公众号的作用，准确发布相关信息，便于学生掌握最新专业动态，科学地开展学习活动。

新时代　新担当　新作为

——包容理解与互鉴，彰显自信谋大同

牛菁菁　芜湖职业技术学院

一、班会对象

大学一年级商务日语专业学生。

二、班会背景及目的

1.班会背景

文明因多样而交流，因交流而互鉴，因互鉴而发展。中华文明正是在同其他文明交流互鉴中不断丰富发展，亚洲众多文明亦是交相辉映、相得益彰，同时与世界文明交流互鉴、携手前行。文明互鉴与人类发展相伴而生，是让世界变得更美好的必由之路。

2.班会目的

（1）帮助即将赴日实习的学生了解生活中的注意事项，尽快适应在国外的生活。

（2）引导学生在集体生活中学会理解和包容他人，学会换位思考和顾全大局，带着一颗悦纳自己的心，自信前行。

（3）坚定文化自信。让同学们知道和外界接触既不能故步自封，也

不能见异思迁，要有文化自信。

三、班会重难点

1. 班会重点

通过垃圾分类和鞠躬礼仪来了解在日本生活的注意事项，形成良好的品行和处事方式。

2. 班会难点

引导学生养成正确的学习、生活习惯，更好地适应赴日实习生活。

四、班会设计理念

教学情境设计上坚持“贴近实际、贴近生活、贴近学生”三贴近原则，以适应日本生活需要注意的内容为切入点，通过生动有趣的问题设计，营造自主探索与相互交流的氛围，让学生在提问、思考、验证与交流中真正有效地理解和掌握知识。

五、班会形式

采取讨论、情景模拟等形式。

六、预期效果

（1）通过这次班会，让学生在情境中、提问中、思考中强化垃圾分类的意识，习得鞠躬礼的正确行礼方式，感悟相互包容与理解的重要意义。对生活技能的培养能转变学生的依赖心理，增强学生的生活自理意识，提高学生的生活能力，锻炼学生的意志品质，并能促进学生综合素质的提高，帮助学生养成良好的学习,生活和行为习惯，增强自信心。

（2）通过这次班会，让同学们知道懂礼仪、好品行，不仅是生活习惯的问题，也是做人做事的准则，懂得如何做人，才能在社会上立足。

（3）这次班会将生活习俗与文化自信相结合，让学生由宏观聚焦到微观，打开学生视野的同时，引发其更深层次的思考。

七、班会准备

（1）利用蓝墨云班课App、QQ群、微信群了解班级学生思想动态和思想困惑，和个别学生谈话，了解其心理、思想动态。

（2）让学生搜集中日习惯有关材料，查找中日文化互鉴的实例。

（3）准备PPT，布置教室。

八、过程设计

1.导入主题

【环节一】激活思维，导入主题

通过垃圾分类小活动引入，激起大家的兴趣。介绍开这次班会的缘由——即将赴日本实习的同学很关心在日本生活需要注意哪些事情、怎样适应日本的生活。通过这次班会简单地介绍日本的一些情况，让大家知道中日文化交流源远流长，我们要有大国自信。

2.进入主题

【环节二】学生展演，学习常识

日本各地有关垃圾分类的规定是不同的，以这次的实习地名古屋为例，政府规定按照各户收集、回收站回收、团体资源回收和据点回收四种方式来投放垃圾。（在这里请同学演示一个饮料瓶在名古屋怎么扔掉）。让学生知道国家不同，垃圾处理方式也不同，要多观察、多动脑，牢记日本的垃圾分类方法。

日本人喜欢鞠躬，细心的同学观察到，场合不同，鞠躬的深度也有变化。通常来说，上下班、上下学时或和熟人擦肩而过时，行15度的点头礼就够了；对客户、上司或长辈要行30度左右的敬礼；而在致歉、道谢时则要用45度左右的最敬礼。

请两位同学上台演示一个场景：假设我们需要开一份在岗证明，实习单位的领导接受了我们的请求，我们要道谢，鞠躬行礼。

【环节三】交流发言，探究新知

辅导员：大家知道鞠躬这一身体语言文化，源自哪里吗？（让同学们讨论发言，然后告诉他们源自我们中国）

中华文化源远流长、博大精深，这种深厚的积淀需要我们当代青年带着自信，有力地传递出去。

【环节四】提问解惑，深入探究

从垃圾分类和鞠躬礼仪延伸到品行，解释说明日本人很守时，做事严谨，让同学们意识到很多人不注意的小细节，在日本人眼里是很重要的事情。孔子说："人而无信，不知其可也。"我们只有诚信为人，才能取信于人；诚信做事，才能赢得信赖和尊重；诚信地对待生活，才能挫而不馁、安而不躁。

引导学生了解在日本生活需要注意的一些情况，鼓励学生坚定文化自信，既不故步自封，也不见异思迁，懂得文明因多样而交流，因交流而互鉴，因互鉴而发展。

3. 总结升华

【环节五】总结

辅导员：中日两国一衣带水，文化交流源远流长。秦汉时期稻作文化传入日本，唐朝时期儒学传入日本，宋元时期饮茶习俗传入日本……中国在一定程度上影响着日本社会的发展和进步。到了近代，汉字由日本回流到中国开始丰富汉语言，日本也曾在一段时期内成为中国间接接触西方文明的桥梁。看当代，和服里的中国元素、中日饮食的互通、经济的交融无不反映着两个邻国的相依相长。此次赴日的同学，可以多发掘日本文化中可贵、可用之处，并把这些希望之种带回来，让它们生根、发芽，枝繁叶茂，为学弟学妹去日本实习积累宝贵经验。

九、班会亮点

（1）形式活泼。班会活动形式丰富多样，内容贴近大学生的生活和学习实际。

（2）主体性突出。重视学生的主体地位与参与度，从与学生密切相关的学习生活问题入手，进行探讨分析，提高学生的适应能力。